비 온 뒤가 아니어도
무지개는 볼 수 있다

비 온 뒤가 아니어도 무지개는 볼 수 있다

ⓒ 박용호, 2025

1판 1쇄 인쇄_2025년 11월 20일
1판 1쇄 발행_2025년 11월 22일

지은이_박용호
펴낸이_홍정표
펴낸곳_작가와비평
  등록_제2018-000059호

공급처_(주)글로벌콘텐츠출판그룹
  대표_홍정표 이사_김미미 편집_백찬미 강민욱 남혜인 홍명지 권군오
  디자인_가보경 기획·마케팅_홍민지
  주소_서울특별시 강동구 풍성로 87-6 전화_02-488-3280 팩스_02-488-3281
  홈페이지_www.gcbook.co.kr 메일_edit@gcbook.co.kr

값 17,000원
ISBN 979-11-5592-378-8 03810

비 온 뒤가 아니어도
무지개는 볼 수 있다

박용호 지음

작가와비평

당초 계획했던 목표를 넘어 두 번째 책 『비 온 뒤가 아니어도 무지개는 볼 수 있다』를 출간하게 되었다. 처녀작, 『뜨겁게 전진하고 쿨하게 돌아서라』가 독자들로부터 기대 이상의 반응을 받았다. 책을 읽다가 뭉클해서 눈물을 흘렸다는 사람, 자전에세이의 참고서로 활용하겠다는 사람, 이어질 글 내용이 궁금하여 하루 만에 읽었다는 사람까지 다양했다.

첫 작품을 내면 자동적으로 후속작을 쓰게 된다는 글쓰기 선배들의 말에 손사래를 쳤었다. 한 권으로 만족했기 때문이었다. 그저 글쓰기 모임의 문우들과 즐거운 시간을 보내며 글을 쓰고 합평하는 일상에 만족하고 있었다. 그런 평온한 나날이 계속될 줄만 알았다.

그런데 예상치 못한 행운이 연달아 찾아왔다.

첫 번째는 《한국산문》 잡지를 통해 「5월의 아카시아」라는 작품으로 수필가 등단을 한 것이었다2025년 4월 11일. 두 번째는 《이투데이피엔씨》 수필 공모에서 「늦바람」이 입선작으로 선정

되는 영광을 안게 된 것이었다2025년 4월 15일. 불과 나흘 간격으로 찾아온 이 두 소식은 내 인생의 새로운 전환점이 되었다.

갑작스러운 행운 앞에 잠수해 있던 용기가 고개를 들었다. 수필가로 정식 등단까지 했는데 수필집 하나쯤은 있어야 하지 않겠냐는 생각이 들었다. 서랍 속에 잠들어 있던 오래된 글, 간간이 써온 글과 개인 블로그에 올렸던 글들을 편집해 본 수필집을 출간하게 되었다. 내용의 다양성과 차별화를 위해 서정 수필, 기행 수필, 칼럼 수필, 서사 수필 등을 포함했다.

출간 마무리를 위해 수정 작업을 하는 동안에도 실력의 한계를 인정할 수밖에 없었다. 하지만 완벽함보다는 진정성이 더 중요하다고 스스로를 위로하며 시작한 일을 멈출 수도 없어 책을 세상에 내보내기로 결정했다. 선후배 문우들과 독자들의 비평을 감수하는 것도 내 몫이 되었다. 그것 또한 성장의 과정이라고 받아들이기로 했다.

수필집을 준비하면서 느낀 가장 큰 보람은 잊혀질 뻔했던 지난날의 추억거리들을 현실로 끌어낸 것이다. 기억과 상상이 되살아나고, 일상에 대한 관찰력과 집중력도 한층 높아졌다. 평범한 일상 속에서도 글감을 찾는 눈이 생겼고, 작은 감동도 놓치지 않으려 애쓰게 되었다. 어느새 글쓰기는 내 생활의 일부로 자리 잡았다. **비 온 뒤가 아니어도 무지개를 볼 수 있다**는 것을 배웠다.

이 책은 총 5장으로 구성되어 있다. 일상의 시선이 머무는 곳에서부터 숨어 있는 역사와 숨바꼭질, 서로의 선물이 되어가는 관계, 마음속에 둥지 튼 자연의 풍광, 시간이 흘러도 변하지 않는 도전의 이야기까지 삶의 다양한 면면을 담으려 노력했다. 각각의 글이 독립적이면서도 하나의 큰 이야기로 펼쳐지기를 바랐다.

해박한 지식과 윤기 있는 강의, 파워풀한 합평 테크닉으로 글쓰기의 지평을 열어 주신 김창식 수필가와 시인이자 소설가이신 신광철 작가께 깊은 감사를 드린다. 출간을 망설이는 예비

작가들을 발굴하여 기회를 제공하고, 첫 에세이에 이어 『비 온 뒤가 아니어도 무지개는 볼 수 있다』가 탄생하도록 격려와 용기를 주신 디지털문인협회 가재산 부회장과 책 출간에 물심양면으로 도움을 주신 작가와비평 관계자분들께도 감사드린다.

아울러 이 책에 일부 실린 '손자 육아 글'의 주인공이며 언제나 나에게 웃음과 기쁨을 준 외손자 김단우에게 이 책을 선사한다.

부족한 점이 많지만, 이 책이 수필에 관심 있는 분들과 책을 출간하고 싶은 분들 모두에게 격려와 참고가 되기를 바란다. 무엇보다 일상을 사랑하고 삶을 깊이 있게 바라보려는 모든 분들과 함께 나누고 싶다.

2025년 11월
박용호 씀

목차

제3장

서로의 선물이 되어

달님이 많다

해질 무렵 산책하던 중
하얀 달을 발견한 아이
"할아부지, 달 떴어!"
"오호, 달을 발견했구나. 대난한네."

달리기를 하며 한참 놀다가
달이 떠있던 처음 위치 쪽을 본 아이
"할아부지, 달이 없어" 한다.

달이 보이는 곳으로 가보니
그새 노오란 달이 되어 있었다.
"할아부지, 달이 집에 갔다 왔어?"
"헉, 달이 집에 갔다 왔나 봐. 우리도 집에 갈까?"
"싫어. 집에 안 가" 소리가 유난히 울린다.

달님에 꽂힌 아이가
달을 또 찾는다.
다시 달을 보여주었더니
"할아부지, 노란 달이 많다~."

설명해 줄 방법이 궁색하여
"흐음, 오늘 노오란 달이 많구나".

아이 말을 엿들었을까.
손 잡고 집으로 가는 동안
집에 갔다 온 여러 개의 달이 줄곧 웃고 있었다.

-손자 육아 글 중에서-

제1장

일상 속 시선이 머무는 곳

Back to Basics
초심으로 돌아가자

성공한 기업가이자 투자자 워런 버핏은 "복잡한 시장 상황에서도 나는 항상 기본으로 돌아간다"라고 말했다. 그의 투자 철학은 단순하지만 강력하다. 기업의 본질적 가치를 이해하고, 장기적 관점을 유지하며, 이해할 수 없는 것에는 투자하지 않는다는 것이다. 골프 레전드 잭 니클라우스도 "골프에서 가장 어려운 것은 단순함을 유지하는 것"이라며 슬럼프에 빠진 선수들에게 항상 기본으로 돌아갈 것을 강조했다.

우리 삶에서도 'Back to Basics'의 중요성은 매우 크다. 나는 종종 '상식의 원'이라는 표현을 쓴다. 상식이 존중되고 살아 숨 쉬는 마음의 공간이다. 살다 보면 자신도 모르는 사이에, 혹은 마음을 잘못 쓰거나 판단을 잘못하여 상식의 원을 벗어나는 행동을 하게 되는 경우가 있다.

특히 성공이나 승진 후에 과거의 자신을 잊고 오만한 태도를 보이는 사람들을 종종 만난다. 내가 알고 있던 편안했던 모습에서 권력과 지위에 꿰맞춘 듯한 불편한 모습으로 변해 있다.

반대로 지위가 올라갔는데도 항상 같은 모습으로 사람을 대하는 사람도 있다. 마르지 않는 샘물처럼 맑고 순수한 사람이다. 그런 사람 주위에는 언제나 사람들이 모인다. 실수를 했다면 빨리 인정하고 사과하는 것이 중요하듯이, 본인의 행동이 상식의 원을 벗어났다고 느끼거나 지적을 받으면 즉시 상식의 원으로 돌아가는 탄력이 필요하다.

나 역시 상식의 원을 벗어났던 순간들이 있었다. 성공에 취해서라기보다는, 오히려 옳다고 생각하는 말을 하다가 곤욕을 치른 경우가 더 많았다. 정의감에 불타 상대방의 잘못을 지적하거나 올바른 방향을 제시한다며 충고를 했지만, 방법과 요령이 적절치 않아 상대방에게 상처를 주거나 관계가 어색해졌다. 나중에야 깨닫고 시정하는 노력을 했던 기억이 있다. 이제는 가능하면 '주위를 즐겁게 하라'는 나름의 원칙하에 긍정적인 마음으로 하루를 시작하고 실천하려고 노력한다.

약 14년간 지속해 온 탁구를 통해서도 많은 깨달음을 얻었다. 탁구는 다른 운동과 달리 쉽게 실력이 오르지 않는 특징이 있다. 수많은 구질의 서브, 드라이브, 타격과 수비 방법이 있기 때문이다. 주위 동료들 중 실력이 향상된 것 같은데 본인은 제자리라고 실망하여 한동안 구장에 안 나오거나 중도 포기한 사람을 가끔 보았다.

나도 한때 슬럼프가 왔다. 원래 취미 활동의 일환으로 시작한 운동이기에, 현재 운동을 함으로써 신체 건강에 도움이 되고 있으니 욕심부리지 않고 초심을 지키자고 마음먹었다. 서두르지 않고 차근차근 꾸준히 운동했더니 모르는 사이에 실력이 올라갔다.

잘되는 가게나 식당은 뭔가가 있다. 맨 처음 문을 열었을 때 마음가짐과 자세로 손님을 귀하게 대하는 곳은 항상 손님이 많다. 내가 아는 베이커리가 있다. 개인이 운영하는 곳인데 당일 만든 빵은 당일 소진하는 것을 목표로 제빵을 한다. 팔리지 않고 남을 성싶은 빵은 손님들에게 공짜로 얹어 주거나 상황을 설명해 주고 아주 저렴하게 판다. 다음 날 팔아도 되지 않냐고 물었더니 손님들이 맛을 더 잘 안다고 했다. 그런 마음을 아는 손님은 단골이 되어 계속 빵을 사러 온다고 한다.

그러나 당장 처한 현실 속에서 기본으로 돌아가는 것이 항상 쉬운 일은 아니다. 경쟁이 치열한 현대사회에서 단순함을 추구하는 것은 때로 뒤처지는 것처럼 느껴진다. 남들이 복잡한 전략과 기술을 구사할 때, 나만 기본기에 충실하면 될까 하는 의

구심이 들 수 있다.

　그럴 필요는 없어 보인다. 왜냐하면, 상황이 잘 풀리지 않거나 힘들 때 돌아가 의지할 수 있는 자신만의 원칙과 성공의 세계가 존재하고 있기 때문이다. 또한 크고 작은 결정을 내릴 때마다 "이것이 과연 상식의 원 안에 있는 선택인가?"를 자문하면 된다.

　세상은 점점 더 복잡해지고 고려해야 할 요소와 변수가 점점 많아지고 있다. 이런 상황에서 단순한 듯하지만 심오한 뜻이 있는 Back to Basics는 좋은 실천 철학이 될 수 있다. 단순히 과거로의 회귀가 아니라, 본질을 바로 보고 기본에 충실하면서 더 나은 발전을 이루어내는 지혜. 복잡한 상황에서 길을 잃었다고 느낄 때, 우리는 항상 기본으로 돌아가 새로운 시작점을 찾을 수 있다.

　"오늘 누군가에게 상처를 주지 않았는가? 주변을 조금이라도 즐겁게 만들었는가?" 이런 소박한 질문들이 때로는 복잡한 일상의 문제를 푸는 해답이 될 수 있다. 이것이 바로 'Back to Basics'가 시대를 초월한 지혜로 남아있는 이유다.

대자로 누워 자는 맛

대자大字로 누워 자는 진정한 맛을 아는 사람이 얼마나 될까. 온몸을 이완시키고 '내 세상이다'라는 여유까지 느낄 수 있어 시도할수록 즐겁다. 한자 '대大' 字처럼 팔다리를 쭉 뻗고 자는 모습을 일컫는 "대자로 눕는다"라는 표현은 우리 선조들이 오래전부터 써왔다.

현대의 침대 문화가 보편화되면서 이러한 자세로 잠들 기회가 점점 줄어들고 있다. 젊은이들은 침대를 선호하고 아무리 큰 침대라도 부부가 대자로 잘 공간이 되지 않기 때문이다. 나도 침대를 사용하고 있어 대자로 자고 싶을 때는 가끔 거실에서 잔다. 이 맛이 그리워 여행을 가서도 가급적 침대방보다 온돌방을 선호한다.

요령은 양팔을 활짝 펴고 손바닥은 하늘을 향하게 하며, 다리는 적당히 팔자八字로 벌리고 누우면 된다. 바로 내 세상이라는 느낌을 받는다. 베개는 가능한 한 낮은 것이 좋고, 그 자세가 되면 온몸에 자연의 기氣가 스며들고 잠도 편안히 든다. 자연의 기氣가 원활히 들락거릴 수 있도록 창문을 열어 놓은 것이 좋다는 생각으로 가능한 한 문을 열어두는 편이다. 단잠을 자고 깨어났을 때의 개운함은 이루 말할 수 없다.

내가 경험한 최고의 맛을 내는 장소는 시골 과수원 원두막과 동네 당산나무 밑 정자였다. 시원한 바람을 맞으며 매미 소리와 함께 대자로 누워 낮잠을 자던 그 맛은 아는 사람만 안다. 수박 한 덩이까지 깨서 먹으면 신선이 따로 없다.

현대 의학에서 대자 수면 자세, 즉 등을 바닥에 대고 똑바로 누운 자세는 가장 기본적이고 전문가들이 권장하는 올바른 수면 자세로 여겨진다. 천장을 보고 바로 누우면 중력으로 인해 척추가 고른 일직선이 되도록 유지돼, 등이나 관절에 가해지는 불필요한 압력을 줄일 수 있다. 이 자세는 척추에 가해지는 압력을 줄이는데, 이는 똑바로 서 있는 것과 유사하므로 척추에 가장 부담이 적은 자세다.

더욱 놀라운 것은 바로 누운 자세가 자는 동안 편안한 호흡을 가능하게 한다는 점이다. 옆으로 눕거나 엎드려 누우면 호흡하는 기도 공간이 좁아져 자는 동안 호흡이 어려워진다. 호흡 근

비 온 뒤가 아니어도 무지개는 볼 수 있다

육이 압박을 받아 기도가 좁아지면 얇은 호흡을 하게 되는데 이는 교감신경을 자극해 깊은 수면에 드는 것을 방해한다. 반면 바로 누운 자세는 기도 주변 근육이 이완돼 호흡이 상대적으로 느리고 깊어진다.

또한 체중이 특정한 곳에 쏠리지 않고 고루 분포되어 척추 정렬 상태를 바르게 만들고 디스크 압력을 최소화한다. 근육의 이완을 도와주기 때문에 피로회복에 효과적이다. 책상에 오래 앉아 있었거나 산책이나 운동을 하여 휴식을 취할 때도 평평한 곳에 대자로 누워 보면 그 효과를 바로 느낀다.

우리나라 전통 온돌방 문화는 대자 수면과 밀접한 관계가 있다. 중국 전통 의학에서는 대자 수면을 '천인합일天人合一'의 상태로 해석하기도 했다. 하늘을 향해 열린 자세로 자는 것은 우주의 기운을 받아들이는 방식이라고 여겼으며, 이를 통해 기氣의 순환이 원활해진다고 보았다.

현대 요가와 명상 전문가들은 대자 수면의 원리를 응용한 '사바사나Savasana' 또는 '시체 자세'를 강조한다. 이 자세는 심신의 완전한 이완을 유도하며, 10~15분만 실천해도 2시간 정도의 수면 효과가 있다고 한다. 매일 밤 잠들기 전 5분간 대자로 누워 깊은 호흡을 하는 것만으로도 수면의 질이 크게 향상될 수 있다는 것이 전문가들의 조언이다.

허준은 동의보감에서 옆으로 누워 무릎을 구부리고 자는 것을 추천했다. 이는 소화기관의 부담을 줄이고 위산 역류를 막는 데 효과적이라고 했다. 현대 의학에서도 이러한 견해를 일부 지지하지만, 옆으로 구부리고 장시간 수면을 취하면 옆구리, 허리, 팔 부분에 불균형한 압박이 가해져 낮 활동 시간에 불편함이 있거나 담이 걸리기도 하므로 적절한 조절이 필요하다.

대개 체구가 마른 사람은 옆으로 자는 것에 불편을 느낀다. 한편 수면무호흡증이나 심한 코골이가 있는 사람에게는 대자 수면보다 옆으로 누워 자는 것이 권장되기도 한다.

어렸을 적 경험으로, 농사일로 손이 딸리는데 사내들이 대자로 낮잠 자고 있는 것을 본 어른들이 "팔자 좋게 누워 자고 있다"라고 핀잔을 주기도 했다. 사주팔자四柱八字에 들어간 팔자와 대자로 누울 때 하체 부분의 팔자 모양을 비유하는 일종의 중의적重義的 표현이다. 그러고 보니 나도 팔자 좋은 사람이다. 대자로 자는 것을 즐기니.

현대인의 바쁜 일상과 스트레스 속에서 이런 여유로운 수면이 더 중요해졌다. "발 뻗고 잘 곳이 없다"라는 말이 있듯이, 대자로 누워 자는 것은 궁극의 자유와 안식을 상징한다. 거실에 이불을 펴거나 큰 침대에 혼자 대자로 누워 잠을 청해보자. 잃어버린 여유와 자유를 잠시라도 되찾을 수 있는 시간이다.

대자로 자는 즐거움에 빠져 가만히 눈을 감고 있으면 옛 시절의 원두막과 당산나무 밑의 정자가 떠오른다. 그러고는 친구들과 도란거렸던 대화가 들리고 고향 전체가 슬며시 다가온다. "천지가 나를 위해 펼쳐진 침상이고, 하늘이 나를 덮는 이불"이라고 했던가. 대자로 누워 자는 순간, 우리는 비로소 자연과 하나가 되어 진정한 휴식을 맛보게 된다.

건망증과 탁구 가방

가방을 열어보는 순간, 앞이 깜깜했다. 당근 거래 물건 대신 탁구채가 들어있었던 것이다. 아내와 당근 거래를 한 사람에게 대신 물건을 건네려고 종로 3가에 나왔다. 다른 일도 있어서 겸사겸사. 하필 그날, 하늘도 울상이었다. 봄비가 억수같이 쏟아졌다.

작업하던 일에 몰두하느라 시간이 후딱 지나갔다. 약속 시간을 맞추려고 대충 점심을 마치고 칫솔질도 못한 채 가방을 메고 헐레벌떡 지하철역으로 내달렸다. 목적지 도착 예정 시간을 보니 약속에 늦지 않을 정도여서 안심이 되었다.

물건 인수자가 나보다 먼저 도착해 있다는 아내의 메시지를 확인하고, 비가 떨어지는 출구로 나가지 않고 계단 안에서 기다리는 몇 사람을 살폈다. 모두 스마트폰을 보며 누군가를 기다리는 것 같았지만 나를 찾는 사람 같지는 않았다. 한 젊은이가 고개를 두리번거리기에 "혹 당근 물건 받으러 오셨나요?" 물으니 아니라고 했다.

출구에 나가 있나 보다 하고 올라갔는데 사람은 없고, 남의 가게 처마 밑에서 비를 피하는 사람들만 서너 명 보였다. 우산을 어깨로 받치고 전달할 물건이나 꺼내 놓자고 등에 맨 가방을 돌려 내렸다. 뚜껑을 여는 순간, 아뿔싸! 탁구채가 보였다.

전달할 물건이 든 가방이 아닌 탁구장 갈 때 쓰는 운동 가방을 메고 온 것이었다. 점심 식사 전에 물건과 가방을 잘 챙겨 의자 위에 올려놓고는, 나올 때 바닥에 있던 가방을 들고 나온 것이었다. "Haste makes waste!" 급히 서두르면 일을 망치는 법. 황당함이 말할 수 없을 정도로 커서 스스로를 비난할 수밖에 없었다.

비에 젖은 손으로 아내에게 전화를 걸어 사정을 설명했다. "어쩌나, 할 수 없네. 택배로 보내준다고 해야겠네"라는 아내의 대답에 미안하기도 하면서 허탈했다. 비 오는 날 물건 받으러 왔다가 허탕치고 가는 사람의 심정을 헤아리니 미안함이 한이 없었다. 나중에 아내에게 확인하니 상대방에게 당장 필요한 물건이라 내일 종각역에서 전달하기로 했다고 했다.

나이 탓인지 멀티태스킹이 잘 안된다. 한 가지 일에 몰두하면 시간 개념 없이 있다가 움직여야 할 시간을 놓친다. 약속 시간이 아직 여유 있다고 생각하고 자투리 일을 하다가 시계를 안 봐 지각한다. 지하철에서 스마트폰 기사를 읽다가 "출입문이 닫힙니다" 안내를 들으며 하차할 정거장을 지나친 적도 종종 있다.

기억에 틈이 생겨 깜박깜박하는 것을 건망증이라고 부른다. 아인슈타인도 프린스턴대학 전화교환원에게 "아인슈타인 교수 집 전화번호를 알려달라"라고 요청했다니, 건망증은 천재도 범인도 가리지 않는가 보다.

한 친구는 시내에 볼일이 있어 차를 몰고 가서 지하 주차장에 주차했다고 한다. 일을 마치고는 깜박하고 버스를 타고 귀가했다. 다음 날 차를 쓸 일이 있어 아파트 주차장에서 차량 키를 아무리 눌러도 소리가 안 나서 당황하다가 뒤늦게 어제 시내에 두고 왔다는 걸 깨달았다고.

이런 건망증을 최소화하기 위해 나름대로 노력한다. 스마트폰 캘린더에 모임이나 행사를 기재하고 사전 알림이 나타나도록 한다. 지하철, 버스에서 불현듯 떠오르는 아이디어나 착상을 세분하여 기록한다.

이런 사소한 노력 외에도 스트레스를 날리고 뇌 활성화를 위해 정기적으로 탁구를 친다. 집중력을 기르고 순간 판단력을 키우는 데 탁구만 한 운동이 없다는 게 내 생각이다. 레슨을 받는 20분 동안 땀 닦는 시간 빼고는 쉼 없이 스매싱 랠리를 즐긴다. 호흡이 목에 찰 때까지. 몸이 극한 상황을 받아들이고 혈액 순환을 잘하도록 자극을 준다는 나만의 관리법이다. 그러고 나면 거짓말처럼 잠이 쏟아지고 누우면 아침이다. 건망증이 있긴 해도 아직은 무시하고 지낸다.

다음 날 종각역으로 가서 어제 일어난 해프닝에 대해 죄송하다는 말과 함께 전달하지 못한 물건을 건네주었다. 상대방 여성은 나의 실수에 대한 일언반구의 언급도 없이 "고맙습니다"라고 말하며 생각지도 못한 선물이 든 종이백을 주고는 업무가 바쁜지 곧 사라졌다. 상대방의 등 뒤로 "감사합니다"라고 인사를 했다. 나이 든 사람이 두 번 움직였다는 것에 고마움을 표시한 것일까 하고 혼자 생각해 보았다.

아내에게 바로 전화하여 일어난 얘기를 했더니 '당근 페이'로 받으려고 했던 물건 대금을 안 받겠다고 상대방에게 통보하겠다고 했다. 좋은 생각이라고 칭찬을 해줬다. 아내는 속으로 어제 내가 저지른 실수로 미안하여 '커피 쿠폰'이라도 보낼까 했던 참이었다고 했다.

세상은 받아들이기에 따라 여러 얼굴이다. 아름다운 사람들이 많다. 맑은 날이 있고 흐린 날이 있듯이. 기억에 틈이 생겨 깜빡했던 해프닝이 만들어낸 작은 스토리가 당일 맑았던 하늘처럼 빛을 내고 있었다. 이번엔 제대로 된 가방에 뜻밖의 선물을 넣고 돌아오는 길이었다. 돌아오는 전철 좌석에 앉아 눈을 감으니 바쁜 걸음으로 사라진 그 여인의 뒷모습이 멀지 않은 곳에 정지 화면으로 비쳤다. 아름다운 하루였다.

행복에 관한 단상斷想

행복이란 무엇일까? 참으로 모호한 개념이다. 사전적 정의는 "생활에서 충분한 만족과 기쁨을 느끼어 흐뭇한 상태"다. 1890년대 일본에서 영어 'Happiness'를 표현하기 위해 '행복'이란 단어를 만들었다.

이 단어가 한국으로 유입되기 전 우리 선조들은 아마도 "아, 살맛 난다", "기분이 좋다", "뭔가 떠다니는 기분이다" 같은 소박하고 순수한 표현으로 행복을 표현했을 것 같다. 이제는 일상생활의 안부, 행사와 명절의 인사에 행복이란 단어가 안 들어간 경우를 찾기가 힘들 정도로 많이 쓰이는 단어가 되었다.

현대 한국인은 얼마나 행복을 느끼고 살고 있는가? 통계상의 행복도 수준은 안타깝게도 매우 낮다. 2018년 한국보건사회연

구원이 전문가를 동원하여 일반인 1,000명을 대상으로 조사한 「행복지수 개발에 관한 연구보고서」에 따르면, 성인의 37% 정도만이 행복을 느낀다고 응답했다.

특히 30대가 40.5%로 가장 높고, 60세 이상은 31.3%로 가장 낮았다. 이는 주관적 행복도, 삶의 만족도 및 미래 안정성 요소들을 종합하여 산출한 결과로, 활동성이 많은 세대와 그렇지 않은 세대 간의 차이가 뚜렷하게 나타났다.

더욱 염려스러운 것은 한국인 개개인이 느끼는 사회적 고립도이다. 불명예스럽게 OECD 회원국 중에서도 상위권에 속하는 우리나라는, 어려울 때 도움을 청할 수 있는 친구나 친지가 없다고 답한 비율이 18.9%나 되었다.

이는 현대 사회의 개인주의화와 디지털 시대로의 대전환, 사람들 간의 대화 시간 감소, 수입 불안정 등이 복합적으로 작용한 결과로 볼 수 있다. 한국보다 심한 고립도를 느끼는 나라로는 콜롬비아 20.7%, 멕시코 22.1%, 키르기스스탄 26.4% 정도라고 하니, 한국이 얼마나 심각한 수준인지 가늠이 될 것이다.

2025년 유엔 세계행복보고서에 기술된 행복지수 결과는 더욱 주목해 봐야 할 대목이다. 147개국 중 한국은 58위6.038점를 기록했으며, 이웃 나라 일본은 55위6.147점를 차지했다. 두 나라 모두 OECD 회원국 평균6.700점에 미치지 못하는 수준이다.

비 온 뒤가 아니어도 무지개는 볼 수 있다

이는 두 나라가 공유하는 사회경제적 구조와 고령화, 저출산, 극심한 경쟁 등의 사회적 문제, 그리고 국가 경제적 수준과 개인 삶의 만족도 간의 괴리 현상이 반영된 결과이다. 아시아 국가들 중에서는 호주가 11위로 가장 높고, 대만 27위6.669점, 싱가포르 34위6.565점 등을 기록했다.

참고로 1위는 핀란드7.736점으로 8년 연속 1위를 기록 중이다. 2위 덴마크, 3위 아이슬란드로 유럽 국가가 강세이고 미국은 24위이다.

유엔의 행복지수 측정은 1인당 GDP경제력, 사회적 지원인간관계, 기대 수명건강, 사회적 자유소비, 직업 등에서 선택의 자율성, 관용기부, 봉사, 부패에 대한 인식사회 안정성 등 6가지 핵심 항목을 기준으로 점수를 매기는 방식이다. 이를 0점에서 10점최고의 삶까지의 척도로 평가하여 국가별 행복지수를 산출한다.

한편, 어떻게 시작된 사연인지 모르나 국민이 행복하다고 알려진 '부탄'이라는 나라의 행복도에 대한 인식은 잘못된 것임을 분명히 할 필요가 있다. 이는 부탄 정부가 발표하는 국민총행복지수GNH가 와전된 것으로, 2018년 기준 부탄의 행복지수는 143개국 중 97위에 그쳤고, 국민소득도 약 3,200달러 수준이다.

일부에서는 소득 수준이 낮아도 가족이나 공동체 생활에 만족하면서 큰 걱정 없이 살기에 행복하다는 주장을 하지만, 경제력의 뒷받침 없이는 진정한 행복을 유지하기 어려운 것이 현실이다.

'행복 빈곤'이라는 말이 있다. 그런대로 살아가는 데는 지장이 없지만 행복감을 느끼지 못하는 상태를 일컫는 말이다. 맛있는 음식을 먹고 싶고 여행도 가고 싶지만 형편이 허락하지 않는 상황이 대표적인 예이다. 수득 수준이 낮고 1인 가구일수록 행복 빈곤을 더 느낀다.

행복 빈곤은 단순히 개인의 문제가 아니라 사회 구조적 문제와도 밀접한 관련이 있다. 과도한 경쟁 사회, 불안정한 고용 환경, 상대적 박탈감을 부추기는 미디어 환경 등이 복합적으로 작용하여 개인의 행복감을 저해하고 있다.

또한 행복은 단순히 숫자로만 측정할 수 있는 것이 아니다. 서로 의지하고, 대화하고, 손을 잡아주고, 포용해 주는 작은 교류가 행복 빈곤을 벗어나는 열쇠가 될 수 있다. 개인적으로는 사람들과의 교류, 커뮤니티 활동과 꾸준한 취미 생활이 행복도를 높이는 데 긍정적인 영향을 준다고 본다. 최근 '소확행작지만 확실한 행복'이 독자들의 호응을 받는 것도 이와 무관하지 않다.

행복은 결국 관계 속에서 피어나는 꽃과 같다. 가족, 친구, 동료, 이웃과의 건강한 관계는 어떤 물질적 풍요보다도 깊은 만족감을 가져다준다. 또한 자신만의 의미 있는 활동을 찾아 몰입하는 경험, 성장하고 있다는 실감, 타인에게 도움이 되고 있다는 보람 등도 행복의 중요한 요소들이다. 나의 경우는 매사에 감사하는 마음에서 행복의 의미를 찾는 편이다.

행복 지수는 일종의 잣대 역할로 우리의 삶에 관여하지만, 진정한 행복을 위해서는 일상으로부터 작은 기쁨을 찾고 의미를 부여하며 살아가는 것이 더 중요하다. 타인과 불필요한 비교를 하지 않고 자기답게 사는 것도 도움이 된다.

결국 행복과 기쁨은 마음이 만들어내는 결과물이다. 비록 경제적으로 풍요롭지 않더라도 매사에 감사하며 긍정적인 생각으로 살아간다면, 우리는 각자의 방식으로 행복을 발견하고 누릴 수 있을 것이다.

호칭에 대한 편견

나이가 지긋한 여성에게 길을 묻거나 말을 걸을 때 사람들은 자연스럽게 "아줌마" 혹은 "아주머니, 실례합니다만"으로 말문을 연다. 그 말 속에는 친근함과 정겨움이 담겨 있었다. 하지만 언제부턴가 이 평범했던 호칭이 미묘한 불편함을 안겨주기 시작했다. '아주머니' 대신 '아줌마'라고 부른 경우 은밀한 성차별의 그림자가 스며들었기 때문이다. 시대상이 변화된 까닭일 것이다.

원래 아줌마는 30대 후반 이상의 기혼 여성을 가리키는 말이었다. 하지만 같은 여성임에도 '아줌마'와 '엄마'라는 단어가 불러일으키는 이미지는 사뭇 다르다. 엄마는 온갖 시련을 감내하며 가정을 지켜내는 강인한 모성애의 상징이지만, 아줌마는 어느새 이기적이고 예의 없는 행동을 일삼는 여성의 대명사가 되기도 했다.

　사실 '아주머니'라고 부르면 좀 더 존경스럽고 친근한 느낌이 든다. 어린 시절 '엄마'라고 부르던 것이 자라면서 '어머니'라고 부르게 되듯, '아줌마' 대신 '아주머니'라는 호칭은 상대방에 대한 예의와 배려가 자연스럽게 담기게 된다. 모르는 여성에 대해 아줌마로 불렀다가 말다툼이 생긴 경우도 보았다.

　지하철에서 사람들이 내리기도 전에 빈 자리를 차지하려 밀고 들어오는 행위, 임산부석에 태연히 앉는 행위, 차량 저편에 앉은 사람에게 들릴 정도로 사생활 잡담을 늘어놓은 행위, 전화기를 스피커 모드로 통화하는 것을 미안해하지 않는 행위, 길거리에서 고성을 지르며 싸우는 행위, 나물 채취 금지 표지판을 무시하고 산나물을 채취하는 행위 등을 하는 여성은 아줌마라고 부른다는 우스개 얘기가 나온 지 제법 시간이 흐른 것 같다.

　반복 현상으로 인해 점점 부정적인 뉘앙스를 주게 되었다. 물론 비슷한 행위를 하는 '아저씨'들도 많으나 아직은 '아저씨' 호칭으로 갈등이 생기지는 않고 있다.

　지난 6월, 한 헬스장의 "아줌마 출입 금지" 팻말이 파문을 일으켰다. 그 밑에는 더 작은 글씨로 "교양 있고 우아한 여성만 출입 가능"이라는 문구가 적혀 있었다. 덧붙여 '아줌마와 여자의 구별법'이라는 황당한 분류표까지 등장했다. 주요 내용은 대부분 에티켓 위반 사례들이었다. 공짜를 밝히고, 자신의 잘못을 인식하지 못하며, 커피숍에 둘이 와서 한 잔만 시키고 빈 컵을 하나 달라고 하는 사람 등이 '아줌마'의 특징이라는 거였다.

팻말 사건 후 성 비하 논란에 휩싸인 헬스장 사장의 해명은 기대 이하였다. 일부 여성 고객들이 개인 빨래를 가져와 샤워장에서 1~2시간씩 세탁을 하는 바람에 수도요금이 많이 나온다는 것이었다. 일부 여성의 예의에 벗어난 행동을 가지고 출입하는 전체 여성을 상대로 그런 팻말을 붙인 것은 오히려 상식을 벗어난 행위로 보였다.

문제가 거기서 끝나지 않고 팻말 사건이 BBC 뉴스까지 타고 나갔다. 그들은 한국의 '아줌마' 현상을 분석하면서 이 호칭에 담긴 경멸의 의미와 한국 사회의 차별적 요소들을 조명했다. 마치 자신들은 훨씬 문명화된 사회에 살고 있다는 듯한 시선으로.

불쾌하기 짝이 없다. 우리 내부의 사소한 갈등 문제조차도 가십거리가 되는 시대이다. 소득이 높은 나라, K-Culture의 원산지, 기술 강국의 나라라는 이미지로 세계의 이목이 집중되어 있어서 뉴스거리가 된 점도 있을 것이다.

아이러니하게도 한국 사회에서 중장년 남성들 사이의 호칭은 정반대의 양상을 보인다. 은퇴한 지인들이나 처음 만난 사람끼리도 서슴없이 '사장님', '회장님'을 연발한다. 가끔 '선생님'이라는 품격 있는 호칭도 등장하지만, 대부분은 실제 직책과는 무관한 '프리미엄 호칭'들이다.

공공장소에서 "김 사장님!"이라고 부르면 여러 명이 동시에 고개를 돌리는 우스꽝스러운 장면도 심심찮게 벌어진다. 언젠가는 이 건도 뉴스거리가 되리라고 본다.

'No Kids', 'No Senior'에 이어 '아줌마 출입 금지'까지, 이런 배타적 표현들이 늘어날수록 우리 사회의 포용력은 줄어드는 듯한 형국이 된다. 아줌마라는 호칭이 언젠가는 여성을 비하하는 단어로 완전히 굳어져 버릴지도 모른다는 우려가 든다. 사소한 문제 해결을 위한 다른 좋은 방법도 얼마든지 있을 텐데 굳이 이런 자극적인 표현으로 논란의 중심에 서는 이유를 모르겠다.

규칙을 쉽게 어기고 원칙을 무시하는 어른들을 보며 자라는 아이들이 어떤 가치관을 갖게 될지 걱정도 된다. 자신의 이익을 위해서라면 남에게 피해를 주는 것쯤은 별것 아니라고 생각하는 어른들에게서 뭘 배우게 될까.

팻말을 붙인 사람도, 그런 대접을 받게 된 사람도 모두 돌아봐야 할 부분이 있다. 전자는 사전에 충분한 안내와 계도를 하였는지, 후자는 기본적인 예의와 질서를 지키려는 노력을 했는지 말이다.

한국은 이제 명실상부한 선진국으로 분류된다. K-Culture를 앞세워 전 세계에 새로운 트렌드를 창출하는 문화 강국이기도 하다. 하지만 일상의 껍데기를 한 꺼풀 벗겨내면 곳곳에 무례함과 무질서가 있다.

아침 산책길에 뒹구는 쓰레기들과 음료 용기들, 아무 데나 버려진 담배꽁초들을 볼 때마다 씁쓸함을 감출 수 없다. 아름다운 사회는 기본 예의를 잘 지키는 곳이다. 그곳이 선진국이다.

'No 아줌마' 팻말보다는 'No 반칙맨' 마크가 더 절실하다는 생각이다. 예의와 배려라는 보편적 가치하에 서로를 존중하는 사회가 되어야 한다. 그래야만 '아줌마'라는 정겨운 호칭이 다시 따뜻한 온기를 되찾을 수 있을 것이고 편견 없는 세상이 될 거라고 믿는다.

잊고 놓친 아내와 나의 생일

아내와 나의 음력 생일은 공교롭게 하루 차이이다. 설 명절 4일, 3일 전이다. 두 사람의 생일이 연속으로 연결되어 생일을 잊어먹을 가능성이 낮고 미역국을 한 번만 끓이면 연이틀 먹어도 되는 편리함이 있다. 아이들도 부모 생일 파티를 한 번에 끝낼 수 있어 좋기도 할 것이다. 단지 새해 며칠 앞두고 한 살을 더 먹게 되어 억울한 부분도 있다.

생일을 기억할 필요가 없을 만큼 안심하고 살아왔는데 금년에 처음으로 믿는 도끼에 발등이 찍혔다. 당일 아내와 나는 서로 바쁜 일이 있어 서두르고 있었다. 아침 8시가 다 되어가는 시간에 카톡음이 울려 열어보니 광주에 사는 셋째 형이 '동생 생일 축하한다'는 문자를 보내왔다.

아차, 그러고 보니 어제가 아내 생일이고 오늘이 내 생일인 것도 잊어먹은 것이다. 아내에게 미안한 생각도 잠시, 아내도 본인 생일은 물론이고 내 생일도 깜빡했던 터라 서로 애매하게 한 번 웃고 늦은 축하 인사를 나누었다.

　나 혼자라도 확실히 기억할 수 있도록 모바일 일정표에 표기해 둘걸. 우리는 잊어먹었다 치더라도 아이들은 어찌 된 건가 하는 생각과 함께 서운함도 생겼다. 그동안 우리 생일에 즈음하여 격식을 갖춰 일부러 챙기는 일을 하지 않았고, 요란한 행사나 말잔치 없이 가볍게 의미만 두어 왔다. 그러나 막상 이런 상황이발생하고 나니 미묘한 감정이 꿈틀거렸다.

　뒤늦게 생일을 안 아이들이 카톡 방을 바쁘게 했다. 생일축하가 늦었어요, 생파생일파티 시간 잡자, 언제 시간이 좋은지 등등. 두 딸과 아들 하나. 셋 중에서 한 아이도 부모 생일을 기억하거나 달력 혹은 모바일 일정표에 기록도 해놓지 않았던 것일까.

　그렇잖아도 생일 약 2주 전에 아내와 우연히 생일 얘기를 나누다가 "애들이 우리 생일을 잘 기억할까? 기억하지 못하고 놓칠 것 같다"라고 얘기한 적이 있었는데 말이 씨가 되었나.

　"애들이 요즘 바쁜 시기이잖아~. 큰딸은 맨날 야근이고, 둘째는 육아휴직 막 마치고 복직하여 새로운 부서로 배치받아 신규업무 배우느라 정신없고, 막내 늦둥이 아들은 학술대회 발표 준비하느라 눈코 뜰 새 없으니~" 하고 둘이서 상황을 애써 합리화하고 있었다.

모른 척하고 생파 날짜를 잡았다. 숨어있는 감정을 뒤로 한 채 평범한 일상으로 돌아오니 벌써 생일은 "나 잡아 봐라" 하고 우리를 떠나 저만치 가고 있었다.

아직껏 아이들에게 내색은 하지 않았다. 다음 생일에는 어떻게 될까 잠깐 생각해 보고는 담담해졌다. 어떻든 매일 오는 똑같은 하루 중의 하나로 보았다. 마음 한편에서는 아이들이 커 오면서 우리에게 선사한 기쁨과 웃음, 기죽지 말고 굳세게 살아가라고 응원했던 순간들이 머릿속을 흘러갔다.

요즘 젊은이들 중에는 본인의 성장이 스스로 이뤄지는 것으로 착각하거나 자신의 현실에 대해 부모를 탓하는 이도 있다. 심지어 본인 욕심을 채우려고 부모와 언쟁을 벌이고 볼썽사나운 일까지 자행하는 사람들에 대한 기사를 종종 접한다.

슬픈 일이다. 부모가 그들을 키우는 동안 얼마나 많은 시간 쪽잠을 자고, 허리끈 졸라매고, 먹고 싶은 것도 못 먹고, 기죽지 말라고 얼마나 많은 배려와 희생을 했는지 모르고….

세상도 빠르게 변하고 있다. 젊은이들의 행동 변화에 그러려니 하고 넘기는 연습도 잘 해야 한다. 부모 세대의 훈계와 경험 얘기가 요즘 MZ 세대에게는 통하지 않거나 관심 밖이 되었다. 디지털과 AI의 급격한 발전 속에서 오히려 젊은 세대에게 배워야 그나마 시대에 뒤처지지 않는다.

아이들도 성장하면서 부모 품을 점점 일찍 떠나 생활하고 싶어한다. 상호 대화 시간도 갈수록 짧아지고 과거 세대들의 가슴과 머리에 자리한 추억거리도 그들에게는 담장 넘어 얘기다.

생일 잊어버렸다고 서운한 표시를 하면 '뭐 그럴 수도 있지' 하고 냉냉한 답변이 나올까 두렵기도 하다. 그러고 보니 아이들이 성인이 되어 떨어져 살아 우리도 아이들 생일을 당일 아침에 축하 못 해준 경우도 있었던 것 같다. 나이든 부모의 어설픈 감정 같아 웃음도 나온다.

이제는 우리가 했던 방식대로 아이들이 해주기를 바라기보다 그저 탈 없이 건강하게 잘 살아갔으면 하는 마음이 앞선다. 언제부턴가 생일이 반갑지 않다. 1년이 후딱 지나갔구나 확인하는 날이다.

그럼에도 생일날 온 가족이 모여 웃고 대화하는 시간이 나이 드는 것보다 더 소중하니 생파 약속을 미리 잡아볼까 한다. 셋째 형의 생일 축하 문자가 주는 여운이 훨씬 커보였던 생일날이었다.

빛 좋은 개살구

"더 크게 말씀해 주세요!", "가운데 쪽에서는 전혀 알아들을
수가 없습니다!"

강남에 소재하는 어느 고교 강당에서 열린 어느 문인협회 창
립 기념 특강장은 연신 청중들의 항의성 외침으로 술렁였다.
저명한 교수로 알려진 강연자는 땀을 훔치며 마이크를 이리저
리 옮기고, 서 있는 위치를 바꿔가며 어렵게 강연을 이어갔다.

"제가 위치를 바꿔가며 해보겠습니다"라는 강연자의 말에 잠
시 기대를 걸었던 청중들은 이내 실망한 한숨을 내쉬었다. 위
치를 바꾸어도, 마이크를 교체해도 웅웅거리는 상황은 나아지
지 않았다.

수백 명의 선배 동문이 정성스레 모은 기부금으로 건립된 이
원형 강당은 첨단 채광 시스템과 웅장한 높이를 자랑하는 건

축미의 결정체였다. 그러나 약 170여 명이 참석한 이날 행사에서 이 화려한 외관 대비 실속 없는 치명적 결함이 적나라하게 드러났다.

행사 주최 측도 당황한 기색이 역력했다. 미리 방문하여 강당에 대한 사전 점검을 하였다고 했으나 가장 중요한 마이크와 스피커 장치에 대한 세심한 점검을 놓친 듯했다.

"이런 곳에서 어떻게 강연이나 큰 행사를 하나요?", "이런 고급 브랜드 마이크와 스피커를 써놓고 왜 이 모양인 거죠?" 강연이 끝난 후 로비에 모인 청중들의 목소리는 실망으로 가득했다. "우리 회사 작은 세미나실보다도 못한 음향 시설이네요"라며 한 참가자는 쓴웃음을 지었다.

특히 음향 제어에 관해 조금 지식이 있어 보이는 한 인사는 "기본적인 음향 반사율 제어와 조율도 없이 무작정 비싼 장비만 들여놓은 꼴"이라며 혀를 찼다. 시쳇말로 하드웨어는 좋은데 소프트웨어가 엉망이라는 거였다.

강당을 지을 때는 반드시 내부 음향 장치에 대한 사전 엔지니어링이 필수이다. 사전 검토 없이 건설 회사는 도면에 준해 건물만 올린 것 같았다. 학교 측에 사전 지식이 있는 사람이 있거나 건설 회사에 강당 내부 음향에 관한 경험이 있는 인원이 있었어야 한다. 하다못해 음향 기기를 판매한 사람들이라도 이 문제를 짚고 넘어갔어야 한다.

기본적으로 고려했어야 할 음향 반사율RT: Reverberation Time 제어가 전무했다. 자동차 전장 부품 수출을 담당한 적이 있는데 당시 나는 자동차 내부 음향을 조율하는 전문가와 같이 일해 본 적이 있었다. 음향 챔버 내부에 들어가 흡음을 하는 원리, 차량 내부 어느 부분에 스피커를 설치하고 튜닝을 해야 최적의 소리를 들을 수 있는지 학습한 바 있어 개략적인 음향처리 방식에 대해 이해하고 있는 편이었다.

원형 구조에서 발생하는 정재파Standing Wave와 반향Echo을 제어할 수 있는 흡음판이나 디퓨저Diffuser 설치는커녕, 스피커의 위상 간섭Phase Interference을 고려한 기본적인 음향 설계조차 이뤄지지 않았다. 소형 승용차조차 DSPDigital Signal Processing 기술을 활용해 실내 음향을 최적화하고, 능동형 노이즈 캔슬링Active Noise Cancellation으로 불필요한 공명을 제거한다.

수십억 원을 투입하여 건축한 강당은 기초적인 음향 원리조차 무시한 채, 단순히 스피커를 돔식 원형 강당에 수평 배치하는 우를 범했다. 각 스피커에서 나온 소리가 부채꼴 형태로 직진하여 나오니 소리가 서로 충돌하여 더 큰 잡음을 발생시켰다.

강연자는 끝내 제대로 된 강의를 하지 못했다는 안타까움을, 청중들은 기대했던 강연을 제대로 듣지 못했다는 아쉬움을 안고 헤어졌다. 이런 비슷한 경우는 우리 사회 도처에서 발견된다.

전국 여행을 하다 보면 별 의미가 없는 전시물과 콘텐츠로 가득한 호화로운 박물관, 내부 시스템이나 적합한 강사진도 없는 듯한데 글로벌 인재교육관이라고 간판을 붙여 놓은 곳, 탑승객 수요 예측 분석도 허술하게 하고 많은 예산을 들여 건설했지만 적자를 내는 경전철 등은 모두 같은 맥락에서 이해할 수 있다.

어떤 행사이든 사전 행사 진행 계획표와 상세 점검 항목을 작성하여 각 부분별 담당자를 지정, 꼼꼼히 챙기는 것이 중요하다. 특히 음향 설비는 더 상세히 체크해야 할 항목이다.

행사를 망칠 수 있는 일순위 요소이다. 프로젝터의 선명성, 유선과 무선 마이크 비치 여부, 마이크와 스피커의 조화, 강당 내 메아리가 생기지 않도록 소리를 잡아주는 방음 장치 존재 여부, 전달 소리가 중간에 끊기는 경우는 없는지, 무선 마이크 충전 상태 등을 철저히 점검하고 리허설도 하는 것이 요령이다.

고급 음향 장비와 화려한 건축미라는 허상 뒤에 가려진 강연장은 우리 사회가 얼마나 실용성과 본질을 경시하고 있는지를 보여주는 단적인 예시였다. 겉으로는 그럴듯해 보이나 실상은 텅 빈, 이른바 '빛 좋은 개살구'가 우리 주변에 얼마나 많은지 다시 한번 생각하게 하는 하루였다.

시간이 흐르는 놀이터

오후 다섯 시에서 다섯 시 반, 어린이집 앞은 작은 무대가 된다. 하원을 기다리는 사람들이 하나둘 모여들면서 이곳은 일상의 드라마가 펼쳐지는 공간으로 변모한다. 젊은 엄마들 사이에서 유독 눈에 띄는 것은 할머니들의 모습이다.

그리고 그 사이에서 나는 유일한 할아버지로 서 있다. 처음엔 서로를 모르던 낯선 얼굴들이었지만, 이제는 "○○이 할머니", "△△이 할머니"라는 호칭으로 서로를 기억한다. 아이 이름이 우리를 연결하는 고리가 된 것이다. 놀이터에서 다시 만날 때면 자연스레 서로의 아이들을 살피게 되고, 위험한 순간들을 함께 지켜보는 작은 공동체가 되었다.

이 풍경의 배경에는 현실이 있다. 맞벌이가 일반화된 시대, 조부모의 도움 없이는 육아가 불가능한 현실 말이다. 결혼도

출산도 망설이는 젊은 세대에게 곁에서 손을 내밀어주는 사람이 있다는 것만으로도 큰 힘이 된다. 하지만 시간의 아이러니가 있다. 아이들이 자라는 속도와 조부모의 체력은 반비례한다는 것이다.

놀이터에서 아이들을 관찰하는 것은 하나의 즐거움이다. 생일 기준으로 몇 개월 차이에 불과한데도, 먼저 태어난 아이들은 체격도 크고 말솜씨도 한결 앞선다. 9월생인 우리 손자는 아직 작은 편이어서, 큰 아이들 사이에서 뒤쳐지지 않으려고 열심히 흉내 내며 따라다닌다. 도와주려 해도 "혼자 할 거야" 하며 독립성을 보이는 모습에서 나는 기특함과 안쓰러움을 동시에 느낀다.

끊임없는 질문에 답하고 함께 이야기를 만들어가는 시간들은 내게 큰 즐거움이다. 집에는 장난감도 책도 많지만, 아이는 바깥 놀이를 더 좋아한다. 친구들이 모두 집으로 돌아간 후에도 "더 놀고 싶어"라고 하는 아이의 마음을 헤아려 조금 더 시간을 내어준다. 어린 시절엔 실컷 놀고, 잘 먹고, 푹 자는 것이 최고라는 믿음 때문이다.

가끔 놀이터 한편에 서서 이 풍경을 바라본다. 한쪽에는 생명력 넘치는 새싹들이, 다른 한쪽에는 이미 청춘을 뒤로한 시니어들의 부지런한 움직임이 대비를 이룬다. 아이들이 자라는 만큼 어른들은 뒤로 물러서는, 자연의 이치를 한 공간에서 목격하게 된다.

때로는 할머니를 쏙 빼닮은 아이가 있어 신기하기도 하고, 어떤 할머니는 우리 손자가 나를 닮았다며 반가워하기도 한다. 그 말에 괜스레 기분이 좋아지는 것을 보면, 나 역시 그저 평범한 할아버지일 뿐이다.

문득 옛 어른들이 하던 말이 떠오른다. "살아생전에 저 애 결혼하는 걸 볼 수 있을까." 어느새 나도 할아버지가 되어 손주의 하원맞이를 하고 있다. 은연중에 아이가 성인이 되는 나이와 그때의 내 나이를 세어보기도 한다. 세월의 무심함이 새삼 느껴진다.

할머니들은 예외 없이 아이들 간식을 챙겨온다. 과자, 주스, 온갖 먹을거리들. 아이들이 예뻐서도 그렇겠지만, 나는 마실 물 외에는 어떤 간식거리도 준비하지 않는다. 간식을 먹으면 저녁 식사를 잘 먹지 않기 때문이다. 다른 아이들이 먹는 걸 바라보는 우리 손자가 안타깝기는 하지만, 아이 부모와의 약속을 지키는 것이다.

우리 부부는 현재 하원맞이만 하는 편이지만, 지인 중에는 손주 돌봄에 완전히 얽매여 모임도 나오지 못하고 친구들과의 여행도 마음대로 못 가는 사람이 있다. 긴 세월 성실하게 근무하며 정년퇴직을 한 사람이다. 처음으로 누리는 황금의 자유 시간에 그동안 미뤄둔 꿈들을 실현해야 하는데 말이다.

지금의 시니어 세대는 평생을 가족 부양과 부모 봉양으로 살아온 사람들이다. 자녀들로부터 어떤 도움을 기대하기는 이미 물 건너간 일이고, 평균 수명이 늘어가는 상황에서 고독한 노후에 덜 노출되도록 현재의 시간을 활용해야 한다. 자녀를 돕는 것도 중요하지만, 자신을 위해 투자할 기회를 놓치지 않는 적절한 균형이 필요한 시기다.

결혼하여 아이를 낳은 자녀들도 자신들의 편의만을 생각해서는 안 된다. 부모에게도 자신만의 인생이 있다. 하원맞이를 하는 할머니들도 마찬가지다. 건강한 시기에 자신이 하고 싶었던, 하고 싶은 일들을 포기하지 않으면서도 손주 돌봄을 병행하는 지혜가 필요하다.

무조건적인 손주 바보가 되어 모든 것을 받아주어야 한다는 생각에서 벗어나는 것 또한 중요하다. 진정한 사랑은 때로는 거리를 두고 지켜보는 것이며, 아이들 스스로 자라날 수 있는 공간을 마련해 주는 것이다.

어린이집 앞 오후 풍경은 그래서 더욱 의미 깊다. 생명의 시작과 인생의 황혼이 만나는 이 공간에서, 우리는 서로를 돌보는 법과 자신을 지키는 법을 동시에 배워가고 있다. 마치 한 그루 나무가 새로운 가지를 뻗어내면서도 깊은 뿌리를 유지하듯이, 우리는 손주들에게 사랑을 주면서도 자신의 정체성을 잃지 않는 요령을 터득해야 한다.

시간은 흐른다. 놀이터의 아이들은 자라고, 할머니들과 나도 조금씩 등이 구부러질 것이다. 하지만 지금 이 순간, 손주들의 웃음소리와 할머니들의 다정한 목소리가 어우러지는 해 질 녘 놀이터는 시절을 함께한 모두의 추억을 간직하고 있으리라. 훌쩍 세월이 지나 어른이 된 손주와 함께 이곳을 다시 방문한다면, 그 시절 주인공들의 표정이 고스란히 떠오를 것이다. 모두 어디서 어떻게 살고 있을지 궁금해지고, 그때의 시간과 먼 훗날의 시간이 만나는 순간의 감회는 깊고 아릴 것이다. 그네와 미끄럼틀도 예전 그대로일까 싶을 것이다.

천사는 가까운 곳에 있었다

우리는 흔히 마음씨 곱고 타인을 위해 봉사하며 선행을 실천하는 이들을 천사라고 부른다. 기부 천사, 백의 천사 등과 같이. 그런 관점에서 보면 천사는 구름 너머 하늘에만 있는 것이 아니라 우리 주변에도 있다. 다만 일상에 묻혀 당장 발에 떨어진 일부터 처리하려다 미처 알아차리지 못할 뿐이다.

가족을 부양하는 가장으로 현실에 쫓기며 살아오는 동안 자신을 돌아보거나 깊이 사유할 시간은 늘 부족했다. 은퇴 후 시간적 자유를 갖게 되면서 글도 쓰고 상황을 관찰하면서 문득 깨달았다. 바로 곁에 천사가 있었다는 사실을. 그분은 나의 장모였다.

사위가 된 지 40년 가까이 되어가는 세월 동안 어떤 일로도 서로 얼굴을 붉힌 적이 없었다. 내 언사가 잘못되어 속으로 불쾌했을 일들이 분명 많았을 텐데, 서운한 내색이나 언짢은 내색을 한 적이 거의 없었다. 이웃과 지인들과의 관계에서도 똑같은 모습이다. 세상의 소용돌이와 생존의 갈등 속에서 닳아지며 살아온 나로서는 흉내 내기조차 어려운 일이다. 어떤 환경에서 저런 인품이 만들어졌을까 혼자 궁금해하며 존경한다.

결혼 초기부터 행여 아내가 나에게 실례가 되는 언동을 하면 아내를 조용히 불러 단단히 주의를 주었다고 한다. 내가 아무렇지 않게 받아들인 일에 대해서도 장모가 판단하여 잘못되었다 하면 아내는 불려갔다. 나중에 아내로부터 들어 알게 된 사실이다.

요즘 세상에서는 찾아보기 힘든 경우라서 누구든 갸우뚱할 거라 생각한다. 자연히 아내를 향한 잔소리나 불필요한 언쟁이 줄어들 수밖에 없었다. 한 사람의 선한 영향력이 얼마나 큰 울림을 줄 수 있는지 느끼며 살아왔다.

30여 년 전 이웃의 인도로 천주교를 믿기 시작한 후, 장모의 일상은 더욱 거룩해졌다. 주말이면 어김없이 성당을 찾았고 안방에는 성모상과 십자가, 성경과 묵주가 은은한 신앙의 빛을 발했다. 일상의 매 순간, 식사 전후와 외출할 때, 가족과 헤어질 때면 정성스레 성부와 성자와 성령의 이름으로 감사와 축복을 기원했다.

우리 아이들도 유치원과 초등학교 시절, 선한 장모의 보살핌 아래에 성장했다. 덕분에 남에게 피해 주는 일 없이 선하게 살아가고 있다. 모든 것이 감사할 따름이다.

명절날 식구들이 모였다 헤어지는 순간이 특히 기억에 남는다. 처남 가족이 먼저 작별 인사를 하고 차에 올랐을 때였다. 떠나가는 아들 식구를 배웅하는 장모의 모습이 깊은 인상을 남겼다. 서서히 대문을 빠져나가는 차량을 향해 허리를 굽혀 성호를 긋고 두 손에 묵주를 쥔 채 골목길을 벗어나 보이지 않을 때까지 그 자리에 서서 지켜보고 있었다.

자식을 향한 절대적 사랑을 그렇게 표현하고 있었던 것이다. 하늘에서 온 존재가 침묵 속에서 깊은 기도를 올리는 듯했다. 말 그대로 천사의 모습 그 자체였다.

내년 초 구순이 되는 연세에 고향 땅인 예천에서 혼자 생활하신다. 평일 낮 시간에는 '노인 주간 보호센터'에 나가 점심 식사, 그림 그리기, 노래 부르기 등의 프로그램을 소화하면서 멤버들과 즐거운 시간을 보내신다. 자식들의 마음이 놓인 이유이기도 하다.

처남이 자주 들러 안부를 살피고, 가끔 들르는 아내는 거의 매일 통화를 하며 별고 없는지 동정을 살핀다. 우리 부부가 예천에 들를 때면 꼭 온천에 모시고 간다. 온천물에 상기되어 붉

으스레한 얼굴로 나와 소녀처럼 환하게 웃으며 "너무 개운하여 날아갈 것 같다"라며 마냥 즐거워하신다. 덩달아 기분 좋아지는 시간이다.

장모와는 오랜 세월 서로 편하게 대화를 하는 사이가 되어 농담도 자주 주고받는다. 한번은 아내가 작은 고집을 부려 농담삼아 "장모님의 큰따님이 자꾸 억지를 부려요"라고 일러바쳤다. "딸이 나와 같이 산 시간보다 자네랑 같이 산 시간이 많았으니 자네 탓이구만" 하며 재미있게 응수하셔서 한바탕 웃었다. 다른 일정이 있어 귀경하겠다고 작별 인사를 하자 "자네 덕분에 참으로 행복한 시간을 보냈네. 고맙네"라고 마음을 전하셨다.

천사는 가까운 곳에 있었다. 우리 곁에서 묵묵히 사랑을 실천하며 살아가는 사람. 늦게라도 알아차려 얼마나 다행인가. 건강하게 오래오래 많이 웃으며 살아가시길 마음 깊이 기원한다. 수십 년 전 결혼 허락을 받으러 갔을 때 젊고 예쁘셨던 장모의 얼굴이 자주 겹친다.

마음의 렌즈

눈을 감고 있어도 세상이 보일 때가 많다. 과거의 추억, 현재와 미래가 상상이라는 마술 상자 속을 자유롭게 오가면서 생생한 그림을 눈꺼풀 위에 올려놓는다.

영화의 한 장면처럼 펼쳐지는 내면의 풍경 속에서 나는 걸어온 길을 돌아보고, 아직 밟지 않은 내일의 발자국도 그려본다. 외부 환경에 휘둘리는 현실과 달리, 꿈의 세계에서는 보이는 것들이 훨씬 선명하다.

어린 시절 뛰어놀던 학교 운동장이 나타나고, 뒷산 노루와 토끼의 긴장된 모습도 동영상처럼 펼쳐진다. 가슴 아픈 순간들은 눈물과 울먹임으로 무의식의 캔버스 위에 생생히 그려진다.

어쩌면 현실보다 꿈속에서 더 많은 것을 보고 경험하는 것은 아닐까. 현실의 시간이 부족하기에 꿈의 세계가 있는 것일지도 모른다. 잠을 자면서도 현실의 손을 놓지 말라고, 꿈을 그리며 살아가라고 속삭이는 목소리. 그런 꿈의 세계가 있어 현실에서의 결핍과 쫓김이 풍족과 전진으로 바뀌는 것인지도 모르겠다.

아침에 눈을 뜨면 세상은 신비로운 모습으로 나를 맞는다. 어둠의 장막이 서서히 물러나고, 하늘이 푸른 색을 되찾는 순간이다. 새벽 공기를 가로지르는 햇살의 따스함, 창밖에서 울리는 새들의 합창까지. 세상은 매일 아침 빛과 소리로 쓰인 시를 선물한다. 삶의 경이로움이 숨 쉬며, 세상의 그림을 바꾸고자 때로는 안개, 비, 구름도 교체 출연시킨다.

이 순간 깨닫는다. 보는 것은 단순히 망막에 상이 맺히는 물리적 현상이 아니라는 것을. 그것은 마음이 세상과 만나는 방식이며, 존재가 존재를 인식하는 근본적 행위라는 것을.

삶은 때로 미로 같다. 고통과 번뇌로 가득한. 그래도 미로를 빠져나와 새로운 길로 간다. 낯선 도시에서 길을 잃었을 때처럼, 복잡한 문제도 시선만 바꾸면 실마리가 보인다. 한때 넘을 수 없는 벽 같았던 갈등도 상대의 눈으로 바라보는 순간 달라진다.

그래서 눈이 연결된 선을 시선이라고 하는 것 같다. 같은 풍경도 슬플 때와 기쁠 때 전혀 다르게 다가온다. 마음의 상태가 렌즈의 색깔을 결정하는 것이다.

침묵이 주는 쪽으로 말해지지 않은 마음의 언어도 읽는다. 친구의 한숨 속에 담긴 이야기가 들리고, 감추려는 눈빛과 떨리는 목소리에서 진심을 본다. 경험과 기억을 통해 타인의 세계가 보이기도 한다. 그들의 고민과 아픔, 기쁨까지도. 난해했던 타인의 이야기가 갑자기 이해되는 순간이 있다. 마음에도 공간을 만들어 주면 선한 싹이 나고 흔들리지 않는 뿌리를 만든다. 타인을 본다는 것은 결국 자신의 마음을 확장하는 일이다.

그리움은 또 다른 형태의 시각이다. 어릴 적 뛰어놀던 골목길을 떠올릴 때마다 그리움은 더 짙어진다. 빗소리에 실려 오는 먼 고향의 향기, 떠나버린 얼굴들, 아직 만나지 못한 사람들까지. 모든 것이 그리움의 대상이다.

그리움에는 소리, 풍경, 향기, 얼굴, 분위기가 함께 공존한다. 기억 세포가 활동하는 한 영원한 생명으로 살아간다. 그리움은 추억을 숨 쉬게 하는 원동력이다. 잃어버린 것들을 다시 보게 하는 마음의 투시경이기도 하다.

세상의 다채로운 아름다움을 경험하기 위해 종종 여행을 떠난다. 높으면서 아기자기한 산, 낮으면서 장엄한 산을 오르며 자연과 일체된 스스로를 발견한다. 계곡을 끼고 오르는 산비탈의 싱그러움, 수백 년을 살아온 노목, 오래된 사원의 기둥 사이로 스며드는 빛에서 시간의 흐름과 깊이를 느낀다.

여행은 단순히 장소를 바꾸는 게 아니다. 시선의 깊이와 너비를 확장하는 과정이다. 때로는 북유럽의 고요한 숲속에서, 때로는 대서양의 푸른 바다 앞에서, 혹은 아시아의 분주한 도시 한복판에서 '본다'는 것의 의미를 더 깊이 이해하게 된다.

서로 다른 풍경과 사람들이 내게 새로운 시각을 선물한다. 이 다양한 시선이 모여 내 안의 세계를 더욱 풍요롭게 만든다. 여행에서 돌아와서도 일상의 풍경이 다르게 보이는 것은 그 때문이다.

하루하루를 감사와 함께 시작한다. 세상은 매 순간 새롭고 경이로운 모습으로 우리를 기다린다. 잠시 걸음을 멈추고 주변을 둘러보자. 무심코 지나쳤던 일상의 풍경 속에서 얼마나 많은 아름다움을 놓쳤는지.

시시한 듯 보이는 상황도 큰 렌즈로 보면 파노라마가 된다. 뭔가 부족하고 미흡하다고 느끼는 순간을 넓은 렌즈로 보면 오히려 만족스럽고 풍요로워 보일지도 모른다. 렌즈를 어떻게 조정하느냐에 따라 같은 현실도 전혀 다른 의미를 갖는다.

그저 경이롭게 볼 수 있다는 것. 세상을 담을 수 있다는 것. 그것만으로도 충분한 축복이다.

세상은 우리가 바라보는 방식에 따라 끊임없이 얼굴을 바꾸는 만화경이다. 마음의 렌즈를 어떻게 조절하느냐가 삶의 질을 결정하는 요인으로 보인다. 깨끗한 렌즈로 아름다운 세상을 보며 살아갈 수 있다면 그건 잘 익은 행복이다.

시간 저울

박용호

시간이
솜털처럼 날아갔다.

손목에 감긴
시간 저울도 뒤뚱거렸다.

빛 바랜 달력이
숨가빠할 즈음

시계 안으로 돌아온
두 바늘이
째깍인다.

시간은
돌아가는 솜털 구름인가.

제2장

역사의 숨바꼭질

잃어버린 왕국, 조문국召文國을 찾아서

역사의 뒤안길에서 새로운 것을 발견하는 순간은 언제나 가슴 설레는 일이다. 2021년 11월, 경북 의성에 들러 한 번도 들어보지 못했던 '조문국'이라는 고대국가의 존재를 처음 알게 되었을 때의 충격은 지금도 생생하다.

고조선, 삼국 시대는 물론이고 가야연맹의 여러 소국까지 알고 있다고 자부했던 나였지만, 이 새로운 역사의 현장을 마주한 순간 흥분과 함께 몸에 전기가 흐르는 것 같았다.

경북 영천에 위치한 보현산 천문대와 은해사, 만불사를 둘러보는 여정 중 들른 의성은 그저 마늘의 고장, 컬링의 도시 정도로만 알고 있던 곳이었다. 하지만 조문국의 사적지를 둘러본 후 완전히 새로운 인식을 하게 되었다. 한반도에 이런 찬란한 문명이 숨어있었다니!

2013년에 개관한 의성 조문국 박물관에 들어서자마자 눈을 사로잡은 것은 화려한 금동관이었다. 솔직히 말하면, 경주 국립박물관에서 본 신라 왕관보다도 더 정교하고 세련된 느낌이었다.

1960년 국립박물관 김재원 박사팀이 발굴한 이 유물들은 우리가 생각했던 것보다 훨씬 발달된 고대 문명의 존재를 증명하고 있었다. 특히 금 귀걸이와 목걸이, 그리고 다양한 토기의 완성도는 놀라울 정도였다. 토기 제작 기술만 봐도 이미 고도로 발달한 수공업 체계를 갖추고 있었음을 알 수 있었다.

더욱 인상적인 것은 순장의 흔적이 고스란히 전시되어 있는 모습이었다. 이는 단순한 부족 집단이 아닌, 체계적인 계급 사회를 이룬 강력한 고대국가였음을 보여주는 결정적 증거였다.

조문국, 혹은 소문국召文國은 기원전 124년부터 기원후 245년까지 무려 369년간 현재의 경북 의성군 금성면 일대에서 번영했던 진한계 부족국가였다.

185년 신라 벌휴왕 2년에 신라에 복속되어 문소군聞韶郡이 되었고, 고려 시대에 이르러서야 현재의 이름인 의성이 되었다. 하지만 이 짧은 기록 뒤에는 수백 년간 한반도 동남부에서 독립적인 문화와 정치체를 유지해 온 놀라운 역사가 숨어있다.

조문국의 존재는 여러 고서에서 그 흔적을 찾을 수 있다.

비 온 뒤가 아니어도 무지개는 볼 수 있다

『삼국사기 신라본기』를 비롯해 조선 실학자 김정호의 역사지리서『대동지지』, 그리고『읍지』와 조선 숙종 시기의『허미수』, 『남당 박창화 선생 유고집』 등에서 조문국에 대한 기록이 확인된다.

비록 문헌 사료가 제한적이긴 하지만, 이는 오히려 고고학적 발굴의 중요성을 더욱 부각시킨다. 땅속에서 나온 유물들이 문헌이 침묵하는 부분을 웅변으로 증언하고 있는 셈이다.

박물관을 나와 금성산 아래 펼쳐진 374여 개의 고분군을 둘러보았다. 감동이었다. 높이 8m, 둘레 74m에 달하는 경덕왕릉 앞에 서니 미처 알지 못했던 역사의 깊이에 부끄러움이 일었다.

경주의 신라 고분에 비해 크기는 작으나 더 많은 숫자의 능陵이 산 능선을 따라 전개된 광경은 장관이었다. 새롭게 세워진 조문정弔文亭 정자에 올라 내려다본 고분들의 모습은 마치 과거로부터 '우리를 기억하라'는 메시지를 보내는 듯했다.

고분의 규모와 부장품을 통해 볼 때, 조문국은 분명 상당한 경제력과 기술력을 바탕으로 한 발달된 고대국가였다. 단순히 신라의 속국이 아닌, 독자적인 문화와 정체성을 가진 왕국이었던 것이다.

조문국을 둘러싼 다양한 전설 또한 흥미롭다. 고분을 처음 발견한 농부의 이야기, 의성현령의 꿈에 경덕왕이 나타나 고분을 보수하라 명했다는 전설, 이 지역에서 금이 많이 산출되었다는 이야기까지.

특히 김학 여왕이 딸에게 왕위를 물려준 한반도 유일의 모권제 국가였다는 전설은 주목할 만하다. 비록 명확한 사료적 근거는 부족하지만, 이런 전설들은 이 지역의 독특한 문화적 정체성을 보여주는 소중한 단서들이다.

조문국 방문은 한반도 역사의 다양성과 깊이를 다시 한번 일깨워준 소중한 경험이었다. 우리가 아는 역사는 빙산의 일각에 불과하며, 아직도 수많은 역사의 진실들이 우리를 기다리고 있음을 깨달았다.

미처 알지 못했던 역사의 퍼즐 조각을 맞추며 마치 역사 탐험가가 된 듯한 설렘을 느꼈다. 1800여 년 전 조문국의 흙길을 걸으며, 그 시대를 상상해 보는 순간의 전율은 온몸으로 퍼졌다.

역사는 교과서 속 딱딱한 연대기가 아닌, 발견의 기쁨과 경이로움이 가득 살아있는 이야기다. 조문국은 바로 그런 역사의 생생함을 보여주는 증거였다.

한반도 곳곳에 숨어있는 이런 역사적 보물들을 찾아 떠나는 여행이야말로 진정한 역사 공부가 아닐까. 조문국이 그랬듯이, 우리를 기다리는 또 다른 잃어버린 왕국들이 있을지도 모른다.

비 온 뒤가 아니어도 무지개는 볼 수 있다

서애 류성룡에게서 배우다

조선 중기 임진왜란이라는 국가적 위기 속에서 빛난 한 위대한 지도자가 있었다. 바로 서애西厓 류성룡柳成龍, 1542~1607이다. 그는 단순한 관료가 아닌, 국가가 위기에 처했을 때 어떤 리더가 되어야 하는지를 온몸으로 보여준 인물이다. 안동 하회마을에 들러 뛰어난 지도자의 숨결을 느끼며, 오늘날 우리 사회의 지도자들을 바라보는 시선이 달라졌다.

서애는 위기를 예견하는 혜안을 가진 지도자였다. 임진왜란이 발발하기 1년 전인 1591년, 이미 일본의 침략 가능성을 예견하고 국방 강화를 강력히 주장했다. 성곽 수리와 군사 훈련 강화를 건의했으나 불행히도 선조는 이를 받아들이지 않았고, 결국 조선은 준비되지 않은 전쟁을 맞이하게 되었다.

강력한 군사력과 훈련이 밑바탕 되지 않고는 평화가 없다는 것을 러시아-우크라이나, 이란-이스라엘 전쟁에서 우리는 생생히 느끼고 있다. 영원한 우방이라고는 존재하지 않는 냉혹한 현실을 직시할 수밖에 없는 것이다.

서애의 진정한 위대함은 위기가 닥쳤을 때 발휘되었다. 임진왜란이 발발하자 그는 파격적인 인사 조치를 단행했다. 정읍현감종6품이었던 이순신을 7계급이나 승진시켜 전라좌수사정3품로 발탁했으며, 권율을 4계급 승진시켜 의주목사로 천거했다. 또한 위험한 길목인 동래에 송상현을 부사로 파견했다. 당시 엄연한 신분 사회에서 이러한 파격적 인사를 건의하고 왕의 승인을 받아낸 추진력과 설득력에 경외감을 느낀다.

이 인사 조치들은 임진왜란의 흐름을 바꾸는 결정적 요인이 되었다. 이순신이 이끄는 수군은 한산도 대첩 등 연이은 승리로 일본의 해상 보급로를 차단했고, 권율은 행주 대첩에서 대승을 거두었다. 송상현은 동래성에서 순국하며 저항의 상징이 되었다.

서애의 안목이 없었다면 이들의 재능은 역사 속에 묻혔을지도 모른다. "인재는 대소장단이 있지만 재질에 따라 활용하면 모두 쓸모 있는 그릇이 된다"라는 서애의 말은 현재까지도 자주 인용되는 명언이 되었다.

높은 지위에 있었음에도 불구하고 서애는 탁상공론을 멀리

하고 현장을 직접 뛰어다니는 지도자였다. 임진왜란 7년 중 5년을 경상도, 전라도, 평안도, 함경도 등 전국 각지를 누비며 전시 총사령관으로서 진두지휘했다.

직장 생활을 하는 동안 자주 강조되었던 말이 리더는 현장을 알아야 하고 현장에 있어야 한다는 것이었다. 현장을 모르고 이론적인 사설을 늘어놓거나 엉뚱한 정책을 결정하는 리스크를 방어하는 방식이기도 했다. 서애는 이미 많은 것을 간파하고 실천한 리더였던 것이다.

명나라 군대와 함께 평양성을 탈환할 때의 일화는 그의 실무 능력을 극명하게 보여준다. 겨울 임진강은 얼어붙어 있었지만 말과 대포를 건너게 하기에는 얼음이 불안했다. 이때 서애는 칡넝쿨을 모아서 새끼를 꼬아 임진강에 부교浮橋를 만들어 해결했다고 전해진다.

전시 총사령관이 직접 다리 건설 방법까지 고민하고 실행하는 모습에서 그의 실무적 능력과 헌신을 엿볼 수 있다. 기본적으로 장착된 지혜 외에도 이런 실무적인 일까지 처리해 내는 능력에 감탄할 뿐이다.

서애의 또 다른 위대함은 막강한 권력을 가졌음에도 당파를 초월한 화합의 정치를 시도했다는 점이다. 그가 후손들에게 남긴 인생 십계명 중 제1계명인 "외부의 적과는 싸워도 내부의 적과는 싸우지 마라"라는 그의 철학을 잘 보여준다.

그는 정적이었던 이산해, 정철과도 끊임없이 소통하며 국가의 대사를 함께 논의했다. 임진왜란 초기 패전의 책임을 지고 파직된 김성일을 다시 경상도 초유사로 발탁하고, 이어서 경상도 관찰사로 임명해 공을 세우게 한 것도 서애의 포용력을 보여주는 예이다. 개인적 감정이나 당파적 이해관계를 초월할 줄 아는 지혜가 있었기 때문이다.

들어도 들어도 박수와 감탄이 나오는 대목이 있다. 1592년 4월, 한성이 함락되고 선조가 평양으로 피난한 후에도 전황이 악화되자 변덕스러운 선조는 명나라로 도망가려 했다. 신하들도 어쩔 줄 모르던 그 순간, 서애가 앞을 가로막고 섰다.

"한 발자국만 넘어가도 그 강은 우리 땅이 아니게 됩니다. 전하께서 국경을 넘으시면 조선은 끝납니다."

절대 군주인 왕 앞에서 목숨을 걸고 막아낸 용기를 그 무엇으로 표현할 수 있단 말인가. 백척간두에 선 나라를 지키기 위해 기꺼이 생명을 담보로 낸 그의 담력과 결단력 앞에서 선조도 물러설 수밖에 없었다. 현세의 리더들은 이런 모습을 보며 어떤 생각을 할까.

서애의 지혜는 마르지 않는 샘처럼 솟아나왔다. 전쟁에 필요한 군량미 조달을 국가의 힘으로 강제로 징수하는 대신, 주민과 아전들에게 실권이 없는 관직이나 공명첩을 주고 군량미를 자발적으로 내도록 유도했다. 서로가 취할 수 있는 명분을 동시에 해결한 것이다.

직장 생활 중 구매실장을 맡았을 때의 경험이 떠오른다. 매년 원가절감을 목표로 구매하는 제품과 부품의 구매 가격을 낮추는 것이 주요한 숙제였다. 구매자가 '갑'이니 강제로 밀어붙여서 해결하면 간단했지만, 힘의 논리에 당했다고 느끼는 '을'은 내심 반감을 갖게 된다.

이를 방지하기 위해 추가 프로젝트와 신규 사업이 있을 때 우선공급 대상자가 될 수 있음을 시사하여 자발적인 가격인하를 유도했다. 서로 윈윈이 된 것이다.

진정한 리더는 끊임없이 학습하고 성찰한다. 서애는 당시 금기시되던 맹자도 탐독했고 불교 승려들과도 깊은 교분을 쌓는 등 폭넓은 학습과 행보를 했다.

서애가 집필한 『증손 전수방약』 보물 460호이라는 병법서는 이순신에게 전해졌는데, 이순신은 이를 "육전, 수전, 화공火攻을 망라한 전략들이 모두 구체적이며 비교할 데가 없는 탁월한 이론"이라고 극찬했다『난중일기』1592년 3월 5일. 문관인 서애가 군사적 식견까지 갖추게 된 것은 그의 끊임없는 학습 의지를 보여준다.

서애는 평생을 국가에 헌신하고 외란 극복에 앞장섰지만 그 대가는 세 번의 파직이었다. 그러나 원망하거나 자신을 변명하지 않았다. 전쟁이 끝난 후 조용히 고향 안동으로 내려가 옥연정사玉淵精舍를 지어 후학을 양성하고 그곳에서 전쟁의 교훈을 담은 『징비록懲毖錄』 국보 132호을 저술했다.

단순한 전쟁 기록을 넘어 국가가 어떻게 위기를 대비하고 극복해야 하는지에 대한 귀중한 교훈을 담고 있다. 지도자로서의 책임감과 반성, 그리고 후대를 위한 염려가 담긴 이 책은 오늘날까지도 한국의 정치, 외교, 군사 분야에서 중요하게 연구되고 있다.

오늘날 우리 사회는 어떤가. 당파 갈등으로 인한 국정 마비, 단기 성과에 매몰된 정책 결정, 상대를 적으로 간주하고 죽기 살기로 다투는 정치권의 모습을 보고 있다. 국가와 국민을 위해 헌신했던 서애의 모습과는 너무나 대조적이다.

리더십 연구가들은 지도자를 크게 두 부류로 나눈다. 하나는 자기가 제일이라고 독선을 부리는 'Diminisher축소자'로, 조직의 잠재력을 줄이는 사람들이다. 다른 하나는 인재의 잠재력을 발견하고 능력 발휘를 유도하는 'Multiplier증폭자'로서, 조직에 곱셈 효과를 가져오는 사람들이다. 서애는 분명 후자에 속하는 지도자였다.

한국이 지정학적, 경제적으로 중요한 도전에 직면한 지금, 우리에게는 서애와 같은 리더십이 그립다. 위기를 예견하고 대비하는 혜안, 인재를 알아보고 키우는 안목, 현장을 중시하는 실무 능력, 당파를 초월한 화합의 정신, 국익을 위한 결단력, 그리고 경계를 넘는 폭넓은 지식을 갖춘 지도자의 출현이 절실하다.

가끔 혼자 질문해 본다. 만약 서애가 하늘에서 한국의 현실을 보고 있다면 어떤 말을 할까? 그리고 더 중요한 것은 우리 각자가 서애라면 지금 이 순간 어떻게 행동할 것인가 하는 것이다.

정선의 진경산수화에 빠져

호암미술관으로 향하는 발걸음이 설렜다. 겸재 정선1676~1759의 그림 165점국보 2점, 보물 57점이 한자리에 모인다는 소식을 듣고는 도저히 그냥 지나칠 수 없었다. 국립중앙박물관, 간송미술관, 리움미술관이 손을 잡고 벌이는 이 합동전은 그야말로 보기 드문 기회였다.

전시장에 들어서자마자 가슴이 뛰기 시작했다. 그간 교과서와 잡지에서만 접했던 그림들이 눈앞에 펼쳐져 있었다. 유리창 너머로 스며드는 그림의 기운이 예사롭지 않았다. 아, 이것이 바로 원화가 주는 힘인가 싶었다.

전시는 '진경을 거닐다'와 '문인 화가의 이상' 두 부분으로 나뉘어 있었다. 1부에서는 금강산과 한양 일대를 그린 진경산수화가 주를 이뤘고, 2부에서는 정선의 다채로운 면모를 보여주는 작품들이 전시되어 있었다.

정선이 추구한 '진경산수화'란 무엇일까. 조선의 화가들은 중국에서 들어온 『개자원화보』라는 그림 교본을 따라 그림을 그렸다. 하지만 정선은 달랐다. 우리 땅의 실제 모습을 자신만의 독창적인 화법으로 담아냈다. 단순히 눈에 보이는 풍경을 그대로 옮기는 것이 아니라, 자연을 자신의 마음에 드는 대로 재구성하고 진실한 심경까지 화면에 담아냈다.

그 대표작이 바로 국보 제 217호 〈금강전도〉다. 정선이 36세와 37세 두 번에 걸쳐 금강산을 다녀온 후, 23년이 지난 59세에 완성한 작품이다.

기억을 바탕으로 부감법俯瞰法을 사용해 마치 새가 하늘에서 내려다보는 듯한 시각으로 금강산 전체를 한 폭에 담아냈다. 뾰족한 바위 봉우리와 흙산의 대비, 독특한 수직준법, 사자바위와 묘길암, 보덕암 등의 세밀한 묘사가 어우러져 압도적인 작품을 만들어냈다.

또 다른 대표작, 국보 제 216호인 〈인왕제색도〉는 더욱 가슴 뭉클한 사연을 담고 있다. 정선이 76세에 그린 이 작품은 오랜 벗이자 시인인 이병연이 병에 걸려 위중해지자 그의 집에 쾌유를 비는 마음으로 방문하여 그린 그림이다.

비 갠 후 인왕산의 모습을 진한 회색으로 표현한 이 그림은 먹의 농담과 붓의 속도로 생동감을 불어넣었다. 안타깝게도 그림이 완성된 지 불과 4일 만에 이병연은 82세를 일기로 세상을 떠났다. 우정과 예술이 만나 빚어낸 숭고한 작품이었다.

전시를 둘러보며 놀란 것은 정선의 화폭이 산수화에만 머물지 않았다는 점이다. 개구리, 고슴도치, 다람쥐, 매미 등 작은 동물과 곤충까지 섬세하게 그려낸 화조도花鳥圖와 초충도草蟲圖, 영모화翎毛畫, 깃털과 털이 있는 동물이 있는 그림들이 있었다. 수풀 속 방아깨비, 나무에 매달린 매미의 모습은 마치 살아 숨 쉬는 듯했다. 그간 접해보지 못한 정선의 또 다른 면모를 발견하는 기쁨이 있었다.

전시장을 나서며 아쉬움이 컸다. 내 사진 실력으로 희미한 조명 속 모든 그림을 카메라에 담을 수 없어 안타까웠지만 눈과 마음에 새겨진 그 감동은 가득했다.

겸재 정선은 단순히 그림을 그린 화가가 아니라, 우리 문화의 정체성을 찾고 우리만의 미학을 구현한 선구자였다. 그의 붓끝에서 탄생한 진경산수화는 조선 후기 화단에 새로운 지평을 열었고, 오늘날까지 우리에게 깊은 감명을 주고 있다.

실제로 우리가 일상에서 늘 접하는 천 원 지폐 뒷면에도 퇴계 이황이 세운 도산서원을 그린 정선의 〈계상정거도〉가 새겨져 있지 않은가. 우리 곁에 이토록 가까이 있었던 겸재의 혼을 이제야 제대로 만난 셈이다.

봄날 오후, 호암 미술관에서 만난 겸재의 세계는 참으로 벅찬 경험이었다. 양반 출신 화가로 지금 서울 강서구에 속하는 양천현령으로 근무했던 겸재. 교과서 속 작은 도판으로만 알았던 그림들이 이토록 생생하고 웅장할 줄 누가 알았을까.

진경, 그 진실한 풍경 속에서 나는 우리 문화의 깊이와 아름다움을 새삼 느꼈다. 박물관 앞에 피어있는 그 많은 봄꽃들보다 진한 그림의 향기와 화가의 열정이 오후 내내 내 주위를 맴돌았다. 언제 다시 만날지 모를 축복의 시간이었다.

갈매못에서 만난 순교의 빛

오서산 억새 구경과 해안 경치를 보고 싶어 친구들과 보령 여행을 갔다. 하산하여 인근 오천면 영보리 해안가에 있는 갈매못 성지에 가보기로 했다. 평화로운 작은 어촌에 위치하지만, 이곳은 조선에 천주교가 들어오면서 박해받아 순교한 수많은 이의 피가 스며든 땅이기도 했다.

'갈매못'이란 지명은 순교터 뒷산 지형이 풍수상 '갈증을 느낀 말이 물을 마시는 형상'갈마음수형渴馬飲水形, 갈마연渴馬淵이라는 데에서 온 말로, 이곳에는 연못이 없고 바닷가 백사장이 있다. 약 160년 전, 이곳에서 다블뤼 주교, 오메트르 신부, 위앵 신부, 그리고 황석두 루카와 장주기 요셉 회장 등 5인의 성인과 수많은 무명 신도가 처형되었다.

전해지는 이야기에 따르면 다블뤼 주교를 처형할 때 집행하던 망나니들이 주교의 목에 치명상만 내고 숨만 붙여둔 채로 관리에게 임금을 올려달라고 임금 협상을 했다고 한다. 협상이 이루어져서 사형이 마저 집행되긴 했지만, 다블뤼 주교는 망나니들이 협상하는 동안 죽지도 못하고 지독한 고통에 시달렸다고 한다. 신앙을 위해 생명을 바친 이들의 고통이 얼마나 처참했는지 짐작하게 하는 대목이다.

다블뤼 주교가 체포되었을 때, 주교가 황석두의 지식과 능변을 아까워하여 포졸들에게 황석두만은 체포하지 말아달라고 간청했음에도 불구하고, 황석두 루카는 한양으로 압송되는 주교를 수십 리 동안 뒤따라가다가 체포되어 주교와 함께 압송되었다. 스스로 죽음의 길을 택한 이 숭고한 행위는 신앙 공동체에 대한 절대적 신심을 보여준다.

당시 순교자들이 겪었던 고문은 상상을 초월했다. 두 귓구멍 속으로 화살을 꿰뚫어 거는 모진 고문을 비롯해 온갖 방법으로 배교를 강요했지만, 그들은 끝까지 예수 그리스도에 대한 믿음의 길을 포기하지 않았다. 특히 수많은 평민, 천민, 노예 신분의 신도가 그 고통을 어떻게 견뎌냈을까. 그들에게 신앙은 단순한 종교가 아니라 새로운 삶의 희망이었을 것이다.

1866년 피의 병인박해가 시작되던 해, 고종의 국혼을 앞두고 "부정한 피를 250리 밖으로 멀리하라"라는 무당들의 간언을 듣고, 흥선대원군이 죄인들을 충청 수군의 훈련장인 오천 수영성으로 이송하여 처형하라고 하였다.

불과 수개월 동안에 국내 천주교 신도 8,000여 명이 처형되었다. 산속으로 피신하여 쫓겨 다니다가 병으로 죽고, 굶주림에 쓰러지는 부녀자와 어린이가 부지기수였으며, 이 통에 신도도 아닌 자들이 박해당한 예도 허다하였다.

이곳 순교터에서는 멀리 서해 외연도를 바라보게 한 후 목을 베었다고 한다. 외연도는 기해박해1839년 때 자국 선교사들의 처형에 대한 책임을 묻겠다고 프랑스 함대가 정박했던 곳이다. 병인박해로 프랑스 선교사 9명이 사망하자 이를 구실 삼아 천진에 있던 프랑스 극동사령관 로즈 제독이 함대를 이끌고 조선을 침공하였다.

프랑스군은 강화도를 점령한 후 책임자 처벌과 통상수교를 요구했으나 흥선대원군이 거부하자 양측 간에 물리적인 충돌이 발생했다. 프랑스군은 강화도 철수 시 고도서 345권과 은괴 19상자 등 문화유산을 약탈해 갔다. 이는 쇄국 정책의 부메랑 효과였다. 문호를 열지 않으려던 조선이 오히려 더 큰 침략과 약탈을 당하게 된 것이다.

이들이 흘린 피의 희생은 헛되지 않았다. 한국 천주교회는

비 온 뒤가 아니어도 무지개는 볼 수 있다

순교자들의 토대 위에서 찬란하게 꽃을 피웠고, 마침내 세계가 그 거룩한 죽음을 공식적으로 인정하는 날이 왔다. 1984년 교황 요한 바오로 2세는 서울 여의도광장에서 한국 순교 복자 103위를 성인으로 선포하며 이들의 숭고한 희생을 온 세계에 공식 인정했다.

이는 시성식을 바티칸이 아닌 곳에서 거행한 역사적 의미가 있다. 시성식은 교황이 직접 주재하는 것이기 때문에 성 베드로 대성당에서만 거행하는 것이 아비뇽 유수 시기를 제외하면 수 세기 동안 굳어진 원칙이었다.

갈매못 성지에는 순교터, 그리고 소성당기념관, 승리의 성모 대성당 등이 아담하게 자리하고 있다. 대성당은 진주를 품은 조개 모양으로 제대 뒤의 스테인드글라스가 매우 우아하고 장엄해 보였다.

당시 주변의 많은 교우가 위험을 무릅쓰고 숲속에 숨어 처형 장면을 지켜보고 기도하던 모습을 형상화한 것이라고 한다. 빽빽한 소나무 숲과 순교한 다섯 성인을 상징하는 5개의 빨간 스테인드글라스는 혜화동성당과 명동성당, 솔뫼대성당의 스테인드글라스와는 또 다른 느낌이었다.

성당의 위치, 내부 설계, 순교 성지로서의 엄숙함이 함께 자리하고 5인 성인의 처형 자리에 개인별 사진과 소개 내용을 담은 안내판이 서 있었다. 지금은 잔디밭으로 가꾸어져 있지만 처형 당시에는 모래사장이었다고 한다. 5인의 머리가 모래사장에 매달리던 날 하늘에는 5개의 은빛 무지개가 떴다고 전해진다.

모든 기록은 프랑스 성직자이자 동양학자인 샤를르 달레 Charles Dallet가 1874년 발간한 『한국천주교회사』라는 책에 실려 있다. 순교한 다블뤼 주교가 수집한 자료를 바탕으로 한국 천주교회의 역사와 문화, 당시 사회적 상황과 천주교 신자들의 생활 모습이 생생하게 기록되어 있다.

단지 다른 종교를 믿는다는 이유만으로, 새로운 사상을 받아들였다는 이유만으로 목숨을 잃어야 했던 그 시대가 얼마나 어둡고 답답했을까. 쇄국이라는 이름으로 외부 세계를 차단하고, 변화를 거부하며, 다름을 인정하지 않았던 그 편협함이 얼마나 많은 무고한 생명을 앗아갔을까.

갈매못 순교터 위로 내려앉는 찬란한 노을빛을 품고 부활하는 '예수 성심상'을 카메라에 담은 뒤 간단한 예를 갖추고 순교터를 나왔다. 성인이 떠난 모래사장을 보자고 바닷가로 가니 모래는 간 데 없고 붉은색을 띤 자갈만이 성지 앞을 지키고 있었다. 배가 지나가면서 남기고 간 흔적 속 파도만이 슬픈 소리를 내고 있었다.

조세이長生 해저 탄광 속의 비극

"살려 주세요! 어머니."

1942년 2월 3일 오전 9시 30분, 일본 야마구치현 우베시宇部市 해안에서 1km 떨어진 조세이 해저 탄광의 지하 갱도에서 바닷물이 새어 들어오기 시작했다.

석탄 채굴에 혈안이 된 일제는 위험을 알면서도 작업을 멈추지 않았고, 순식간에 갱도 전체가 해수에 잠겨 작업 중이던 탄부 183명이 모두 사망하는 대참사가 발생했다. 그중 136명이 조선에서 강제로 끌려온 우리 동포들이었다.

마지막 순간 그들이 외쳤을 절규가 메아리치는 듯해 가슴이 찢어지고 하늘이 온통 잿빛이 되는 느낌이다. 어두운 갱도 속, 바닷물이 스며드는 소리가 들리는데도 멈출 수 없었던 채굴 작업. 그날도 힘든 노동을 마치고 쉬는 잠자리로 빨리 돌아가는 꿈을 꾸었을 그들.

발버둥치던 외마디가 물거품이 되어 사라졌을 그 순간, 차가운 바닷물은 무자비하게 그들의 숨통을 조였다. 깊은 어둠 속에서 서로를 부둥켜안은 채 죽어간 이들의 원혼이 아직도 그 바다를 떠돌고 있는 것 같다.

과거 역사 시간에 접해보지도 못했고 역사적 사실에 눈이 늦게 떠서 근래에야 해저 탄광의 비극을 알게 되었다. 현장 방문과 함께 관련 책을 저술한 문영숙 작가의 강의를 듣고서야 사건의 전말을 인지했다.

같은 막장에서 일했던 징용인 중 해수가 들이친 시간에 근무를 하지 않아 살아남은 사람이 한 명 있어 취재까지 했다고 했다. 관련된 이야기를 듣고 충격을 받아 자료 조사를 해봤다.

이 참상이 세상에 알려진 것은 1976년 야마구치 다케노부 씨가 지역지에 발표하면서부터였다. 일제는 사고 직후 구조에 나서지 않고 본갱을 폐쇄하여 사망자를 수장해 버렸다. 책임자나 관계자에 대한 처벌은 전혀 이뤄지지 않았다.

일제강점기, 강제징용은 나라를 빼앗긴 민족이 받게 된 벌 중의 하나였다. 최소 10명이 사망한 사도 광산, 약 130명이 사망한 하시마섬 군함도, 조세이 탄광을 비롯한 일본 전역의 총

2,679곳의 기업 작업장에서 수많은 조선인이 강제노역에 시달렸다. 휴식도 적절한 보상도 없이.

도망치다 붙잡힌 이들은 무자비한 구타와 고문을 당했고, 인간 이하의 처우 속에서 하루하루를 버텨야 했다. 침략자 손에 끌려가 하소연도 못 하고 죽어 나간 수많은 영혼이 있었다.

야마구치현의 조세이 탄광은 일본이 얼마만큼 잔혹하고 무자비한지를 보여주는 역사의 현장이다. 바닷물이 굴 속으로 들어오는 위험한 상황에서도 인정사정없이 채굴을 강행하다가 결국 136명의 한국인과 47명의 일본인이 수장되었다.

우베시 앞바다 위로 보이는 두 개의 콘크리트 원형통은 그날의 비극을 증언하고 있다. 하나는 끊임없이 새어 들어오는 바닷물을 빼내던 배수구였고, 다른 하나는 막장 노동자들의 숨결이 오갔던 환기구였다.

늘 가면을 쓴 일본은 이러한 역사적 증거마저 없애려 했다. 진실을 은폐하기 위해 이 구조물들의 철거를 시도했지만 반대 의견에 부딪혀 아직은 실존해 있다. 희생자에 일본인이 포함되어 있어서일 것이다.

공분을 일으키고 씁쓸한 일은 일본이 이런 비극의 현장들을 유네스코 세계문화유산으로 등재하면서 보인 태도다. 사도 광산과 하시마섬 군함도는 각각 2024년과 2015년에 등재되었다. 강제 징용당한 한국인을 이용해 채광하면서 동원된 한국인 희생자가 많았다는 역사적 사실은 뒤로 숨기고 현장을 세계문화유산에 올리는 일에만 몰두했다.

당초 약속했던 한국인 강제징용 희생자들을 기리는 전시나 안내는 쏙 빼버리고 언급도 하지 않았다. 그들의 말만 믿고 등재에 동의해 줬던 우리의 선의는 또다시 배신당했다. 이웃이란 탈을 쓴 배신자가 받아야 할 벌은 언제 어떻게 나타나려는가?

한글 사용 금지, 창씨개명 강요, 문화재 훼손, 위안부 강제 동원 등 일제의 만행은 이루 헤아릴 수 없다. 인간성을 저버린 그들의 잔혹함은 우리 민족의 가슴에 깊은 상처를 남겼다. 조세이 탄광의 진실은 일본 정부가 여전히 외면하고 있지만 양심 있는 일본 시민단체들이 나서서 희망을 보여주고 있다.

일본 시민들은 1991년 '조세이 탄광 물비상을 역사에 새기는 모임'을 만들어 추도식 거행은 물론이고, 사고 원인 규명과 사망자 신상 확인에 노력해 왔다. 유족들도 1992년에 조세이 탄광 유족회를 조직했다.

오랜 노력 끝에 희생된 136명 중 134명의 신원이 확인되었고, 2013년에는 조선인 134명의 본명을 포함한 183명의 이름을 새긴 추도비가 건립되었다. 다소나마 위안이 되는 일이었다.

크라우드 펀딩으로 모금한 자금으로 유골 발굴 작업을 시작했고, 최근에는 탄광 입구를 확인하는 등 진전을 이뤘다. 아직은 작은 진전이지만 진실은 영원히 감춰질 수 없다는 것을 보여주는 좋은 예이기도 하다.

우리 정부도 조세이 탄광의 비극에 대해 역사적 규명을 일본 정부에 요구해야 한다. 과거 2004년 노무현 당시 대통령이 강제동원 피해자 유골 반환을 요청했을 때 고이즈미 준이치로 당시 일본 총리는 "무엇을 할 수 있을지 진지하게 검토하겠다"라고 밝혔지만, 그 후 20년 넘게 소강상태다.

이제 다시 정부 차원에서 일본 정부가 나서서 유해 발굴 작업을 해야 한다고 강력히 주장해야 한다. 우리의 정신이 살아 있는 한 한국은 더 강해질 것이고 받았던 설움을 딛고 세계가 인정하는 강국으로 거듭날 것이다. 그럼으로써 과거의 상처가 조금이라도 아물게 되고 누가 함부로 대하지 못할 것이다.

조세이 탄광 깊은 바다 속에서 울리는 136명의 한과 슬픔, 사도 광산과 하시마섬에서 희생된 이들의 원한이 잊혀져서도 안 된다. 바닷속 탄광에 수장된 이들의 유골이라도 회수되어 후손들의 품으로 돌아갈 날이 손꼽아 기다려진다. 죽음의 목전에서 외쳤을 그들의 목소리가 현재까지도 들리는 것 같다.

"어머니, 고향으로 돌아가고 싶습니다."

그들의 마지막 소원이 이뤄지는 그날까지, 우리는 기억하고 또 기억해야 한다. 이것이 후세에 남겨진 우리의 의무이자 그들에 대한 최소한의 예의가 아닐까 한다. 이 글을 통해 나라를 빼앗긴 설움 속에서도 희망을 잃지 않고 국권 회복을 위해 투쟁하다가 희생당한 수많은 순국선열에게 고개 숙여 존경과 감사의 묵념을 올린다.

일본의 근대 사학자인 다케우치 야스토 씨가 2007년 발행한 「조선인 강제노동 현장 열람」 책자에 의하면, 조선인이 동원된 각 기업 작업장만 일본 전역에 총 2,679곳이나 되었다고 기술되어 있다.

오키나와의 슬픈 아리랑

일본 오키나와가 강제로 끌려간 우리 민족의 한이 맺힌 땅이라는 구체적인 사실을 안 것은 2024년 광복절 기념 다큐멘터리 〈오키나와 아리랑〉을 보고 나서였다.

평소 휴양지로만 알고 있던 섬에 한국인의 깊은 슬픔이 묻혀 있다는 진실이 가슴을 저몄다. 역사적 사실을 모른 채 오키나와 여행을 다녀온 적이 있다. 그때의 무지가 지금도 부끄럽다.

화면 속에는 제2차 세계대전 중 오키나와로 강제 동원된 조선인 노동자와 위안부들의 흔적이 생생히 담겨 있었다. 그들이 머물던 집터, 목마른 삶을 달래던 우물, 청춘의 눈물이 배어든 빨래터가 차례로 소개되었다.

각자의 집에서는 보석 같은 존재였을 소녀들. 꽃잎처럼 흩날

려간 그들의 행방은 알 길 없지만, 인연이 있었던 오키나와 주민들이 우리의 아리랑을 기억하며 부르는 순간 찔레 가시에 찔린 듯한 아픔이 온몸을 휘감았다.

일본말도 할 줄 모르는 소녀들이 낯선 땅에서 그리운 고향을 그리며 눈물로 부른 '아리랑'을 얼마나 많이 들었으면, 현지인들이 곡조와 가사를 그토록 생생히 기억할 수 있을까.

현지 주민의 증언에 따르면, 일본군 영내 '군기제' 축제에서 위안부들이 단체로 무대에 올라 손수건을 흔들며 불렀다는 노래가 바로 '아리랑'이었다. 그 손수건은 비상하지 못하는 새의 부러진 날개 같았으리라.

연합군에 맞서 싸우던 일본군은 오키나와 근방 49개 유인도에 동굴진지와 대공초소, 방호벽이 필요했다. 이를 위해 조선 남성들이 강제 징용되어 노예나 다름없는 노동을 했다.

전투하는 일본군의 사기를 높인다는 명목으로 젊은 조선 처녀들을 강제로, 혹은 달콤한 거짓말로 속여 이국땅까지 끌고 갔다. 위안소가 부족하다며 민가마저 비우게 하고 그곳을 욕망의 감옥으로 만든 것은 인간성을 저버린 자들의 만행이었다.

산호빛 바다로 둘러싸인 게라마 제도의 아가지마에는 '아리랑 고개'가 있다. 위안부들이 이 고개에서 달래를 캐며 아리랑을 불렀다고 한다. 징용된 특공대 훈련병들도 무거운 짐을 지고 이 언덕을 오르며 신세 한탄과 고향을 향한 그리움을 아리랑에 실어 불렀다.

미야코지마에는 '아리랑 가우물'가 지금도 남아있다. 조선 사람들이 아리랑을 부르며 판 우물이라는 이름의 유래가 가슴을 저민다.

히로토시라는 노인은 초등학교 5학년 때의 기억을 들려주었다. 소와 말에게 줄 꼴을 베러 가다가 만난 낯선 예쁜 누나들이 고추를 구해 달라고 해서 따다 준 적이 있다고. 돌아가고 싶은 고향과 가족들이 그리워 찾았을 것이다. 그들이 흘렸을 눈물이 상상으로 다가왔다.

빨래터에서 함께 빨래를 했던 일본 여성들도 위안부가 부르는 아리랑을 들었다고 증언했다. 당시를 기억하는 현지인에게 불러보라고 하니 일부 기억이 희미한 부분을 제외하고는 거의 완벽하게 불렀다.

'아당 우물'은 위안부들이 목욕하러 오던 곳이었다. 어떤 노인은 강제 노동을 하던 조선 사람이 파준 손도장을 여태 보관하고 있었다. 끌려온 조선인들의 입에서 자주 흘러나왔던 "아이고, 죽겠다", "못살겠다"라는 탄식을 현지 주민들은 지금도 정확한 발음으로 기억해 내고 있었다.

1992년 발표된 「위안소 지도」에 따르면 오키나와에 121

개의 위안소가 있었고, 그중 60개는 현지 주민이 살던 민가를 비워 위안소로 사용했다. 오키나와로 끌려간 위안부가 약 700~1,500명으로 추정되는 가운데, 일본이 패전한 후 귀국한 여성은 147명에 불과했다. 나머지는 이국 어느 곳에서 이슬처럼 사라졌을 것이다.

도카시키에는 배봉기 할머니가 살았다. 그녀는 최초로 자신이 위안부 출신임을 밝힌 분이다. 해방 후에도 귀국하지 않고 이 섬에서 살다가 1991년 사망했다. 차마 고국으로 돌아올 용기가 없어 고향을 가슴에만 묻고 낯선 땅에서 보낸 그 고독한 세월이 얼마나 길고 쓸쓸했을까.

오키나와현의 '평화의 초석을 읽는 모임'에서는 전쟁 사망자 약 24만 명의 이름과 나이를 한 사람씩 불러주고 있다. 하지만 대다수 조선인의 이름은 바닷속에 가라앉은 돌멩이처럼 그 흔적조차 찾을 수 없다. 일본군 위령비에는 매년 사람들이 찾아오지만, 이름 없이 땅에 묻힌 조선인의 묘에는 잡초만이 무성하게 자라 그들의 존재를 더욱 깊이 감추고 있다.

"실제로 있었던 일을 없다고 하는 것은 잘못된 일입니다. 저지른 잘못은 사과해야 합니다."

숙연하게 말한 현지 주민의 인터뷰가 귀에 맴돈다. 그 말속에 담긴 진실은 시간이 흘러도 변하지 않는다.

우리는 아픔을 기억하고 원대한 미래를 위한 기초를 탄탄히 다져야 한다. 조용하되 강하게, 선열들이 당하며 불렀던 슬픈 아리랑이 아닌 한국의 얼과 기상을 세계에 알리는 희망찬 아리랑을 부를 그날까지.

현지인들의 생생한 증언을 잘 보존하여 국제 외교 무대에서 활용해야 한다. 유사한 아픔을 겪은 주변국과 연대하여 일본의 만행을 온 천하에 알리고, 거짓으로 일관하는 일본의 진정한 사과를 받아내는 그날이 빨리 왔으면 좋겠다.

역사는 잠시 잊힐지 몰라도 사라지지 않는다. 용서는 할지라도 망각할 수는 없다. 우리의 슬픈 아리랑에 담긴 사연을 알아가는 일본인이 많아지기를 기원해 본다.

"아리랑~ 아리랑~ 아라리요~ 아리랑~ 고개를 넘어간다."

언제부턴가 오키나와의 슬픈 아리랑이 자주 귓전에 맴돈다.

교토국제고의 한글 교가

일본 야구에 가장 역사가 긴 고시엔 고교 야구 결승에서 한국계 고등학교인 '교토국제고'가 기적적인 우승을 하여 한국과 일본의 방송과 인터넷이 떠들썩했다2024년 8월. 일본에 남아 있는 네 개뿐인 한국계 학교 중의 하나이나 법적으로는 일본 학교인 교토국제고는 1999년 야구부를 창단한 매우 짧은 역사에도 불구하고 우승을 해 버린 것이다.

한국계 학교이다 보니 학교 교가가 한국어로 되어 있다. 32강, 16강, 8강에 들어가면서 각 학교 교가가 울려 퍼지는데 무려 6번이나 고시엔 구장에서 한국어 교가가 연주되었고 일본 NHK와 아사히 TV에 고스란히 교가 가사도 표시되었다.

"동해 바다 건너서 야마토 땅은/ 거룩한 조상 옛적 꿈자리/

아침저녁 몸과 덕 닦는 우리의 정다운 보금자리/ 한국의 학원"

교가 4절에는 "힘차게 일어나라 대한의 자손"이라는 가사도 들어 있다.

고시엔 야구장에서 경기 한번 해보기 위해 일본 전역 약 3,715개 고교 야구팀이 예선전에 참가했다. 마지막 결승 상대는 동경을 대표하는 '간도 다이이치고'였는데 10회 연장에 들어가 2대 1로 승리하여 우승을 거머쥐었다.

교토국제고는 총 학생 수가 계열 중학교 학생 수까지 합쳐 약 160여 명 정도인 작은 학교이다. 그중 약 90%는 일본 국적 일본인이고 야구부 소속 61명 중 60명이 일본인이라고 한다. 이 학교에 진학한 많은 여학생은 K-Pop이 좋아서였다고 한다. 학교 한글 수업은 주간 3~4시간 정도 하고, 어떤 수업은 한국어로만 진행된다고 한다. 참으로 엄청난 일들이 일본 땅에서 일어나고 있는 것이다.

해가 갈수록 지원자가 줄어드는 학생 수를 어떻게 하면 늘릴수 있을까 고민하던 교장과 교직원들이 '야구부를 창설하여 성적을 내면 자연적으로 학교 이름이 유명하게 될 것이다. 그러면 학생 수가 늘지 않겠느냐'라는 발상으로 1999년 야구부를 창단하였다고 한다.

초창기에는 다른 학교에 34:0으로 경기를 지던 팀이 피나는 노력을 하면서 고시엔 4강에도 들고 지역대회 우승도 하여 차츰 명성이 나기 시작했다. 학교 건물도 하나, 운동장에서 제일 긴 곳의 길이가 59m밖에 안 되어 외야가 없는 절름발이 운동장에서 실력을 쌓아 온 것인데 내야 수비 부분이 가장 안정된 팀으로 평가받고 있다.

선수도 교토 출신은 5명에 불과하고 전국에서 학생을 스카웃하여 팀을 꾸려간다고 한다. 모두가 낯선 땅에 와서 동고동락하면서 역사를 만들어 내고 있다.

교토국제고가 탄생시킨 프로야구 선수가 일본 내 다른 야구 학교보다 월등히 많아 이 학교를 지원하는 학생들의 경쟁은 점점 치열해지고 있다.

상황이 이렇게 변하다 보니 학교 야구팀 감독을 포함 상당수 인사가 국제고 이름에 걸맞게 교가를 3개 언어한글, 일본어, 영어로 바꾸자는 소리들이 커가고 있다고 한다. 일본 학생들이 뜻도 제대로 모르는 한글 노래를 부른다는 것과 일본 땅에서 한글 교가를 울려 퍼지는 불편한 진실이 자리하고 있기 때문이다.

어느 세계이건 실력과 힘이 있으면 목소리를 낼 수 있는 것이니 조만간 변화가 예상된다. 조총련이 많이 활동하던 시절에 오사카 지역에 가면 하얀 저고리에 검정 치마인 교복을 입은 한국 학교 여학생들이 눈에 띄었다. 세월이 지나면서 교복 문화도 쇠퇴했듯이 상황이 바뀌면 변화는 불가피해진다.

한국의 국력, K-Pop을 포함한 K-Culture가 굳건히 자리를 잡아야 재외 한국인의 위상도 올라간다. K-Pop이 좋아 교토 국제고를 지망한 여학생들 중에 한국 아이돌 그룹에 참여하는 학생이 한 명이라도 나오면 이 학교를 지망하는 학생들이 더욱 늘 것이다.

또한 국제고 출신의 경쟁력 있는 야구 선수를 한국 프로야구에 등장시키는 개방적 어프로치도 과감히 채택할 필요도 있다. 학생들의 롤 모델이 생기는 자체로 국제고 지망률은 올라가고, 재일 교포 2, 3세도 자신의 신분을 드러내는 데 자신감을 가질 것이다.

섬세한 어프로치와 터치를 통해 새로운 미래 그림을 그리고 에너지를 창출할 수 있다면 훌륭한 작품이 될 것이다. 개방과 경쟁은 어느 분야에서도 존중되는 가치이다.

국제고 교가에 들어있는 동해는 우리가 말하는 동해이다. 일본인이 인정하는 동해는 아니다. 일본 지도에 이미 '동해'가 있다. 아이치현을 비롯해 태평양에 면한 4현을 묶어서 한자로 '東海동해'라고 쓰고 '도카이'라고 읽는다.

한일 감정에 서로 연관시키지 않고 서로 가만히 놔두고 보는 편이 낫다. 그러한 역사적 관점보다 매우 열악한 환경에서 형그리 정신으로 우승을 이끈 선수들과 감독에 박수를 보내는 것이 어떨까?

공이나 배트 등 야구 장비가 부족하여 수선해 가면서 연습하는 모습이 딱해 기아 타이거즈 구단에서 야구공을 일부 지원했을 정도라고 한다. 그런 환경을 딛고 우승이라는 꽃을 피운 그들의 분투는 가슴이 뭉클하다.

이런 기적이 많이 일어났으면 좋겠다. 약자로 보이는 자가 항상 약자가 아닌 세상, 평범한 사람이 오히려 새로운 창조를 만드는 세상, 성실히 노력하는 사람에게 더 많은 행운이 오는 세상이 펼쳐지기를 기원해 본다.

교가 변경이 일어나기 전에 금번 고시엔 구장에 울려퍼진 한글 교가가 일본 미디어에 많이 등장되어 재일교포와 한국인이 확고한 긍지가 가지고 살아가고 서로 격려의 박수를 보내는 아름다운 세상이 펼쳐지기를 빌어본다. 더 큰 바람은 K-Pop 등이 더욱 영향력이 커져 교토국제고에 다니는 학생이나 관계자들이 현재의 한국어 교가를 더 자랑스러워 하는 날이 오는 것이다. 정말 흥미로운 일이 아닌가?

신들과 원숭이의 섬, 발리

발리에 도착하기 전까지만 해도 나는 이곳을 그저 휴양지로만 여겼다. 푸른 바다와 백사장, 스노클링을 즐기는 관광객들의 모습이 전부일 거라 생각했던 것이다. 하지만 이 작은 섬은 내 선입견을 보기 좋게 깨뜨렸다.

화산 폭발이 있었던 아궁산3,142m과 바투르산1,717m, 아융강 래프팅, 유네스코 세계문화유산으로 등재된 따만 아윤 사원, 울루와뜨 사원, 아름다운 해안 풍경 등 볼거리가 생각보다 많았다. 발리의 매력에 빠져 제주 한 달 살기처럼 한 달 살기를 하고 있는 한국인 부부도 만났다.

최근 기회의 땅으로 부상되는 인구 2억 8천만의 거대한 이슬람 국가 인도네시아에서 발리는 특별한 존재다. 전체 인구의

2%도 되지 않는 힌두교도들이 모여 살면서 독특한 문화를 이어가고 있다. 수 세기에 걸쳐 무역과 문화 교류가 이뤄지면서 인도 상인들이 향신료, 금과 기타 귀중한 상품을 구하기 위해 수마트라와 자바, 발리에 왕래하며 힌두교가 들어왔다.

그 후 수마트라와 자바 지역에 이슬람교가 대세가 되자 밀려난 힌두교도가 찾은 안식처가 바로 이 발리였다. 이곳에서 인도 힌두교, 불교, 그리고 토착 애니미즘 신앙이 혼합된 형태로 자신들만의 힌두교를 정착시켜 믿고 있다.

처음 발리의 거리를 걸으며 눈에 띈 것은 골목마다 놓여있는 '차낭 사리'였다. 꽃잎과 과일을 정성스레 담은 작은 제물이었다. 매일 아침 발리 사람들은 이 봉헌물을 만들어 집 앞과 사원에 놓는다.

현대화되어 가는 과정에서도 변함없이 이어지는 그들의 신앙심이 인상적이었다. 어릴 적 우리 어머니들이 매일 아침 정화수를 떠놓고 절하던 모습이 떠올랐다.

시대가 바뀌어 요즘 젊은 발리 사람들이 이 일상적인 의례를 귀찮아하고 제단에 올린 과일을 먹지 않으려 한다는 가이드의 말에도 묘한 친근감이 느껴졌다. 과거 어렸을 적 종가집에서 제사 지내고 주는 음식을 먹기 싫어 집에 있는 식은 밥을 먹기도 했던 기억과 겹쳤다.

'왈리', 제사 지내는 섬이라는 옛 이름처럼 발리는 신들의 섬이었다. 가장 많이 눈에 띄었던 것은 원숭이였다. 한국에서는 동물원이나 서커스에서나 보던 동물이었고, 때로는 길거리 묘기의 도구에 불과했다.

그런데 이곳에서는 '하누만'으로 상징된 힌두교 라마 신의 사자使者로 추앙받고 있다. 발리 사람들은 원숭이를 섬을 보호하고 사원을 지키는 신성한 수호자로 여긴다. 심지어 원숭이들의 장난스러운 행동조차 신들의 장난기 많은 본성의 표현이라고 생각한다니 그들의 신앙심이 얼마나 깊은지 새삼 놀라웠다.

우붓의 '몽키 포레스트'에서는 재미있는 해프닝이 자주 일어난다. 관광객이 지니고 있는 선글라스, 안경, 과일 봉지를 원숭이들이 눈 깜짝할 사이에 탈취해 간다. 특히 속이 비치는 비닐 봉지에 담긴 먹을거리는 무조건 탈취 대상이다.

먹을 수 없는 안경은 달라고 하면 오히려 멀리 도망가고, 안경을 자신의 얼굴에 걸치거나 안경다리를 벌려버린다. 가지고 놀다가 건물 지붕 등에 던져버리는 사례도 흔하다.

주변에 원숭이와 밀당을 잘하는 안내원이나 현지인이 없으면 거의 돌려받지 못한다. 당시 목격했던 밀당 방식은 이러했다. 과자 두 봉지를 들고 한 봉지를 주면 원숭이는 한쪽 손에 안경, 다른 손에 과자를 쥔다.

이때 나머지 과자를 내밀면 과자를 잡으려고 쥐고 있던 안경을 바닥에 떨어뜨린다. 이 틈에 얼른 안경을 되찾는 것이다. 신의 사자로 불리는 영물과의 밀당이라니 아이러니한 상황이 아닐 수 없었다.

발리 여행 중 사들고 가는 과일을 뺏으러 달려든 원숭이를 엉겁결에 발로 찬 적이 있다. 원숭이가 험악한 표정으로 소리 지르는 모습도 봤는데 행인들이 적어서 망정이지 자칫 비난을 받았을지도 모른다. 먹을거리라고 판단하면 무조건 사람에게로 달려들어 탈취하려 한다.

인도양을 배경으로 일몰이 아름다운 절벽 난간 부근에 세워진 울루와뜨 사원 숲에서 만난 원숭이들도 유사한 행동을 하고 있었다. 오히려 개체수가 더 많아 보였다. 숲에서 튀어나오고 담벼락 위에 무리를 지어 앉아 있는 모습에 친근감은커녕 경계심과 적개심이 생겼다. 드물게 보여야 관심이 끌리지 사방에 깔려 있는 원숭이에 혐오감마저 든 것은 사실이었다.

일본 나가노현에는 '지고쿠다니 야생 원숭이 공원'이 있다. 온천을 즐기는 '스노우 몽키'로 유명한 곳으로, 원숭이들이 농작물을 훼손하고 사람들을 귀찮게 해서 역발상으로 보호 구역을 조성한 케이스다.

원숭이들이 인간 거주 지역에 출몰하거나 농작물을 훼손하는 일로 마찰이 생겨 불편해지자 보호 구역을 만들어 관광지로 변모시킴으로써 인간과 원숭이 간의 갈등을 완화했다.

같은 원숭이지만, 발리에서는 신성시되고 일본에서는 자연의 일부로 관리된다. 한국에서는 동물원 우리에 갇혀 있거나 길거리 묘기로 돈 버는 도구로 이용된 이미지가 강하다. 문화적 차이가 동물을 대하는 태도에도 큰 영향을 미친다. 사람도 좋은 곳에서 태어나야 하듯이 원숭이도 마찬가지 신세이다.

원숭이 천지인지라 자연히 발리의 민속 공연도 원숭이가 주인공으로 등장한다. 케착 댄스가 그 산물이다. 발리의 전통 악기인 '가믈란'의 반주가 들어가지 않고 약 70여 명의 남성이 "KeCak-KeCak" 합창 소리를 반복적으로 내며 공연되는 아주 독특한 춤이다. 한국 사람이 들으면 '깨짝 깨짝 깨짝' 같은 반복 소리로 들리는데 그 울림이 아주 특이하고 신바람 난다.

독특한 음악에 맞춰 춤추는 탈을 쓴 하누만원숭이은 단순한 공연의 등장인물이 아닌 신성한 존재로 묘사된다. 심지어 극 중에서는 억류된 사람을 구하는 영웅으로 등장한다. 토착 애니미즘이 가미된 이 공연에서도 원숭이의 신성함을 엿볼 수 있었다.

힌두교는 발리에서 완전히 새로운 모습으로 변모했다. 인도의 웅장한 곡선형 첨탑시카라 혹은 계단식 피라미드비마나 석조사원 대신, 나무와 대나무로 만든 소박한 메루 탑이 하늘을 향해 솟아있었다.

'다고타'라는 검은 산호나무 섬유로 엮어 만든 지붕은 멀리서 보면 마치 검은 바위 석층처럼 보였다. 약 10여 년 주기로 탑을 보수하며, 신의 지위에 따라 달라지는 탑의 층수홀수 층으로 건축되며 최대 11층까지는 발리만의 독특한 종교 문화를 보여주었다.

1980년대의 한국을 떠올리게 하는 대가족 문화, 종교적 의례가 일상이 된 삶, 그리고 관광으로 먹고사는 섬사람들의 모습. 사람들의 순수함과 친절이 여행 내내 마음을 편하게 해주었다.

발리는 우리의 과거와 현재가 공존하는 듯한 이상한 친근감을 주는 곳이었다. 휴양지 이상의 무엇, 신들과 원숭이가 공존하는 이 특별한 섬은 내 여행의 의미를 완전히 바꾸어놓았다. 기회가 되면 다시 여행해 보고 싶은 곳이다.

K-Speech, 한국어 웅변대회

우연히 TV 뉴스를 보다가 접한 소식 한 편이 주목을 끌었다. '제28회 세계 한국어 웅변대회'가 라오스에서 열렸다는 내용이었다.

20여 개국 외국인들이 한국어로 웅변을 펼치는 모습에서 묘한 친근감이 생겼다. 각 나라 연사들이 어설프지만 정성스럽게 손동작까지 넣어 열변을 토하는 모습은 웅변대회라기보다 진심 어린 한글 발표회 같았다.

그 장면을 보며 문득 어린 시절이 떠올랐다. 70~80년대만 해도 전국 대도시에는 웅변학원이 우후죽순 생겨났고 지역별 웅변대회가 성황을 이뤘다. 학부모들은 앞다투어 아이들을 웅변학원에 보내는 열풍이 일었다.

하지만 반공 이데올로기의 약화, 민주화, 사회 다원화, 저출산으로 인한 학령인구 감소, 그리고 학교 내 스피치 및 PT 교육의 확산 등 환경 변화로 이제는 웅변학원을 찾아보기 어려워졌다.

초등학교 3학년 때 나도 웅변을 배웠다. 형이 어디서 배웠는지 나에게 웅변을 가르쳐 대회에 출전시켰다. 5분 분량의 원고를 이틀 내에 달달 외우고 각 파트별로 강조할 부분의 톤을 연습했다. 예행연습 무대는 언덕이나 바위 위였다.

어느 부분은 동화책을 읽듯 부드럽게, 어느 부분은 대화하듯 자연스럽게. 가장 중요한 클라이막스 두세 군데에는 제스처를 넣어 "~을 하자고 이 연사 목 놓아 외칩니다"를 목청이 터져라 소리 질렀다.

클라이막스를 수없이 반복하다 목이 잠기면 형은 날계란을 먹게 했다. 느끼하고 미끌거리는 날계란을 마시는 것은 참으로 고통스러웠다. 지금도 날계란은 먹지 못한다.

그런 혹독한 과정을 거쳐 전국 웅변대회에서 수상하는 영광을 누렸다. 무대에 자주 서 보던 기회를 통해 지금도 관중 앞에 서는 것에 대한 공포감이나 어색함은 덜하니 좋은 경험을 한 셈이다.

과거의 추억이 스멀거리는 가운데, 외국인들이 한국어로 웅변을 했다는 사실에 호기심이 발동했다. 웅변대회의 주제는 '한국어를 통한 지구촌 소통, 세계 평화 기원'이었다. 벌써 28번째를 맞았고 호주, 프랑스, 라오스, 캄보디아, 에티오피아, 인도네시아 등에서 참가했다. K-Pop, K-Food, K-Beauty, K-Drama에 이어 K-Speech로 확장되는 중요한 흐름이다. K-Culture의 영역이 한층 넓어지고 있다.

참가한 외국인들은 '생각을 바꾸고 현실까지도 바꾸는 한국어 학습을 하자. 한국어를 배우는 데 한국 문화와 역사의 배경을 이해하는 것이 중요하다. 한국 영화나 드라마를 보는 것이 한국어 공부를 잘하는 비결이다' 등의 내용을 역설했다. 또 다른 채널을 통해 한국어 사용자 영역과 친한親韓 외국인을 늘리는 의미 있는 현장이었다.

요즘 서울 거리에서는 과거와 다른 풍경을 쉽게 목격할 수 있다. 과거 단체 쇼핑객이 주류였다면, 이제는 경복궁, 창덕궁, 인사동, 가회동 한옥마을 등을 가족 단위나 소규모 그룹으로 방문하는 외국인들이 늘었다.

지하철을 타고 이동하는 개별 관광객들의 모습이 눈에 띄게 증가했다. 길을 헤매는 외국인을 만나면 최대한 친절을 베푼다. 좋은 기억으로 다시 한국을 찾게 하고 싶어서다. 그들과 얘기하다 보면 우리말을 제법 구사하는 사람도 접한다.

외국인들이 자발적으로 한글을 배우고, 자신들의 커뮤니티에서 한국어를 구사하면 엘리트로 불린다고 하니 세상이 참 많이 바뀌었다. 한국이 창출한 팬덤으로 인해 '파이팅'이 옥스퍼드 영어사전에 등재되었고, '치맥'과 '먹방'도 글로벌 영어사전에 올랐다. 한글 자모가 세계적인 명품과 의류 디자인에 등장하고 해외에서 활동하는 한국 스포츠 선수의 한글 이름이 적힌 유니폼이 인기를 끌고 있다.

K-Culture를 더욱 확장시킬 기회가 우리 앞에 있다. K-Culture 박물관 건립, 온라인 K-Culture 아카데미 개발, 특히 K-Speech 대회 활성화를 위한 상금 확대와 참가국 증대, 입상자 명예시민증 수여 등도 검토해 볼만하다.

서울처럼 지하철로 북한산, 도봉산, 인왕산 등 아름다운 산에 접근할 수 있는 나라는 드물다는 점에 착안해 유적지, 관광명소를 패키지로 연결한 K-Sightseeing 상품 개발에도 눈을 돌려야 할 때다. 실제로 강원도 가을 산행 중에 젊은 싱가포르인 네 명을 만난 적이 있었다. 한국 가을 단풍이 보고 싶어 왔는데 실제 와보니 너무도 아름답다고 했다. 좋은 관광자원이다.

방한객들은 돈 들이지 않고 활용할 수 있는 우리의 외교관이다. 아니, 외교관보다 실질적인 영향력이 더 클 수도 있다. 한국에 거주하거나 외국에 살면서 한글을 공부하고 한국을 좋아해 방한하는 외국인을 향한 따뜻한 환영과 품격 높은 매너가 그 어느 때보다 요구되는 시점이다. 작은 친절이 한글을 세계 언어로 키우는 씨앗이 될지도 모른다.

K-Speech는 한류를 더욱 깊이 있게 발전시킬 중요한 매개체다. 한글로 꿈꾸고 한국을 사랑한다고 외치는 그들의 목소리가 새로운 한류의 물꼬가 될 것이다. 한글이 세계 언어로 우뚝 서는 그날까지, 우리 모두가 작은 한류 대사가 되어 노력해야 할 때가 아닌가 싶다.

1. 제29회 세계 한국어 웅변대회 개최(2025년 8월, 베트남 호치민대학교, 24개국 226명 참가)
2. 제30회 세계 한국어 웅변대회 예정(2026년 6~8월, 경기도 여주 세종대왕릉 입구 야외무대, 약 30여 개국 참가 예상)

K-Heating 온돌

온 세상이 하얀 눈 속으로 들어가 새들도 날개짓을 멈추는 겨울 오후, 굴뚝으로 밥 짓는 하얀 연기가 올라온다. 안방에는 아궁이 불재를 담은 화로가 온기를 발산하고, 겨울밤 달빛이 창호지를 비출 즈음 문틈을 비집고 들어온 외풍이 방 안 온도를 낮추면 어머니는 아궁이에 장작을 더 넣으시며 이야기보따리를 풀어내곤 하였다. 구들장 아래로 흐르는 온기처럼 이야기들은 우리의 마음을 따뜻하게 데워주었다.

"아버지가 구해 온 두껍고 넓은 판자 같은 구들장들이 깔린 우리집이 식구들을 그나마 따뜻하게 해주는 것이여. 느그들은 호강하는 것잉께 고마운지 알어라잉" 하시던 어머니 목소리가 들려오는 듯하다.

기나긴 겨울밤을 온기로 채울 수 있는 온돌 난방은 우리 민족

비 온 뒤가 아니어도 무지개는 볼 수 있다

의 살아있는 지혜이다. 강인한 생명력으로 겨울을 이겨내는 매화처럼 우리의 온돌 문화는 천 년을 넘어 이어져왔다.

온돌의 역사는 삼국 시대로 거슬러 올라간다. 『조선왕조실록』세종편에 처음으로 '온돌'이란 표현이 등장했지만 그 지혜는 이미 오래전부터 우리 민족과 함께했다. 과학적 원리를 활용한 난방 방식은 방바닥을 데운 뒤, 열의 전도와 복사열로 벽면까지 따뜻하게 만드는 독특한 시스템이다. 실내의 균일한 온도 분포, 장시간 열 유지, 간접 복사열 활용도 가능하기 때문이다.

반면, 히터나 라디에이터로 방 안 온도를 올리는 유럽이나 미국은 데워진 공기는 위로 올라가고 찬 공기가 밑으로 내려와 항상 한기를 느끼고 목이 건조해져 건강에 해로운 방식이다. 난방비도 온돌식에 비해 높다. 이런 현상을 더욱 실감나게 경험한 때는 프랑크푸르트 주재원 시절에 보낸 여섯 번의 겨울이었다. 바깥 기온이 내려가 난방을 세게 켜면 실내 온도가 조금 올라간 듯해도 여전히 몸이 으시시하고 목이 건조했다. 한국식 난방이 너무도 그리웠다.

시골 한옥의 아궁이는 우리 가족의 세상 이야기가 피어나는 무대였다. 벌채한 나뭇가지, 썩어 넘어진 나무, 갈퀴로 긁어모은 나뭇잎까지, 모든 것이 소중한 땔감이 되었다.

밥을 짓는 동안 불의 열기는 부넘기를 넘어 고래를 통과하며 구들장을 데웠고 개자리는 한 번 더 그 열기를 오래도록 붙잡아 두었다. 연기가 빠져 나가는 길목에 낮은 홈을 파거나 직각 반사벽을 올려 세운 부넘기와 개자리는 조상들의 지혜에서 나온 결과물이다.

아랫목과 윗목의 밀고 당기기는 우리 가족의 일상적인 전쟁이었다. "오늘은 내가 먼저야!" 하며 뛰어가 자리를 차지하던 그 재미있는 다툼은, 지금 생각해 보면 우리를 더욱 가깝게 만들어준 따뜻한 추억이 되었다.

식사 시간에 못 온 사람의 밥 그릇을 이불로 덮어 넣어두는 곳도 아랫목이었다. 특히 명절날 친척 어른들이 아랫목을 차지하고 윗목에 앉게 되는 어린이들이 볼 일을 참는 듯이 찬 바닥에 붙은 엉덩이를 연신 들썩이며 자리를 바꾸던 모습은 지금도 웃음을 자아낸다.

핀란드, 러시아, 몽골, 중국, 일본 등 추운 나라들도 비슷한 난방 방식을 채택한 일부 지역이 있지만, 지금까지 전 국민의 가정에서 온돌을 사용하는 나라는 한국이 유일하다. 일본 나라현에는 백제로부터, 블라디보스토크는 옛 발해국 지역으로 모두 우리나라 영향을 받았다.

현대의 온돌은 온수 보일러, 온돌 마루, 전기 온돌 등으로 진화하며 편의성과 안전성을 높였다.

이제 온돌은 세계로 뻗어가는 K-Culture의 새로운 메뉴가 되고 있다. 미국의 '구겐하임 미술관'을 설계하고 '존슨&왁스 빌딩'에 최초의 온수 파이프 난방을 시공한 현대 건축의 아버지, 프랑크 로이드 라이트1867~1959는 "한국인의 난방은 인류가 발명한 최고의 난방 방식이다. 발을 따뜻하게 해주는 것이야말로 가장 이상적인 난방이다"라고 자서전에 기술했을 정도이다.

덴마크의 대표적인 현대 건물인 '코펜하겐 오페라 하우스'에는 냉난방을 바닥에 깐 물 파이프를 이용하여 온도 조절을 하고 있다.

K-Pop이 세계인의 귀를 사로잡고, K-Drama가 마음을 울리며, K-Food가 입맛을 사로잡는 동안, K-Heating은 그들의 일상을 따뜻하게 변화시키고 있다. 현대식 고층 건물에도 적용 가능한 기술로 발전하면서 '한국식 난방'은 이제 단순한 기술 수출을 넘어 글로벌 그린 테크놀로지의 한 부분으로 자리매김하고 있다. 구들장에 깃든 조상의 지혜가 이제는 세계인의 삶을 따뜻하게 데우는 이야기가 되어가고 있는 것이다.

기억의 스위치를 켜면 눈 덮인 산하와 구들 깔린 고향집의 안방이 보인다. 지금은 방 구조가 바뀌고 보일러식 난방으로 전환되었지만 옛 집의 모습과 정감은 언제나처럼 살아서 다가온다.

여행을 가서 숙박을 하는 경우, 방바닥에 난방이 되는 방을 침대방보다 선호한다. 먼저 방바닥에 온몸을 늘어뜨리고 대자大字로 눕는 맛이 좋고 편편한 바닥이 등과 발에 전달되는 편안함이 수면의 질을 높여주기 때문이다.

한국 보일러 및 시공업체들이 K-Heating 시스템 수출을 증대시키고 있다는데 K-Culture의 작은 축이 될 것으로 믿는다. 외국에서도 한국형 난방이 표준이 되는 날이 오기를 기대해 본다. 상상만 해도 즐거운 일 아닌가?

비 온 뒤가 아니어도
무지개는 볼 수 있다

이모 두 마리

"우리 손자, 어제 어디 갔어?"
"키즈 카페 갔어"

"누구랑 갔는데?"
"엄마랑 이모 두 개랑"
"이모 두 개?"
"으음, 이모 두 마리랑"

한바탕 웃고 나서
"재미있었겠구나?"
"어-어-, 엄마가 차 운전했어"

손자는 본 대로 술술 부는
순백의 정보원이다.
이젠 두 마리 이모도 꼼짝 마라!

-손자 육아 글 중에서-

제3장

서로의 선물이 되어

독박의 맛

세상살이를 하다 보면 예기치 못한 상황 발생 혹은 자신의 실수로 독박을 쓰는 경우를 당한다. 독박이라고 함은 '특정 책임이나 업무를 다른 사람 도움 없이 혼자서 전적으로 맡아야 하는 상황'을 이른다. 이를테면 독박 육아, 독박 지불, 독박 책임 등이다.

1980~1990년대, 한국 사회에서 '고스톱'이라는 화투놀이가 대유행을 탔다. 회사 점심시간, 퇴근 후, 계곡 야유회 등을 가리지 않고 보통의 한식당에는 의례 화투와 군모포가 세트로 준비되어 있었다. 냉정한 승부의 세계인 고스톱에서 '독박'이란 용어가 탄생했다.

더 높은 점수를 내려는 욕심으로 '고Go'를 선언했는데, 다른 상대가 먼저 3점 이상을 내버리면 '고'를 선언한 사람이 제3자의 점수까지 포함해 두 사람의 점수 합계를 혼자 부담해야 하는 경우가 하나이고 또 다른 경우는, 한 사람이 압도적으로 독주를 하여 대형판이 생길 것 같으면 다른 3자가 점수가 나도록 결정적인 패를 내주어 자신이 독박을 쓰는 경우이다. 큰 희생을 줄이는 방법이다. 나도 한때 고스톱에 빠져 동료들과 밤을 새우고 새벽에 귀가한 적이 많았다.

종합상사의 매니저 시절, '독박'을 쓴 쓰라린 경험이 있다. 동유럽 지사장이 보낸 발주서에 따라 해당 국내 제품을 거의 1~2달 간격으로 실어 냈다. 새로운 발주서가 도착해 국내 업체에 생산을 지시하고 제품 선적까지 마친 상황에 갑자기 지사장한테서 긴급 연락이 왔다. 발주서가 잘못 나갔으니 오더를 취소하고 선적을 중지해 달라고.

전화로 따지고 설명을 요구했지만 돌아온 것은 미안하다는 말뿐이었다. 확인해 보니 지사장이 전월에 보낸 발주서를 착각하고 반복 오더라며 다시 보냈다. 실무 담당자의 "추가 반복 오더"라는 말만 믿고 상세히 검토하지 않은 나의 실수였다.

상황은 걷잡을 수 없이 꼬여갔다. 제품은 이미 배에 실려 유럽으로 항해 중이었다. 제조사는 정당하게 물건을 넘겼으니 물품대가 적힌 은행 네고용 인수증은행에 제시하면 즉시 현금화됨을 요구할 것이 뻔했다.

더 큰 문제는 이런 반복 오더가 흔한 일이라 상부에 보고 없이 제조사에 제조를 요청했다는 점이었다. 이제 제조사로부터 대금 요청이 오면 상부에 보고할 수밖에 없고, 사태에 대한 질책을 피할 수 없게 되었다.

직속 중역은 인사권을 무기로 부하 직원들을 함부로 다루는 악명 높은 사람이었다. 당시 나는 중간 간부로서 중역의 불합리한 지시에 재고를 요청하는 건의를 몇 차례 한 죄(?)로 미운털이 박혀 있었다.

일이 커지면 직속 상사들에게도 불똥이 튈 것이 뻔하여 차장에게만 상황을 알리고 내 책임하에 처리하겠다고 했다. 차장도 부담스러운지라 상부 보고를 강하게 주장하지 않았다. 실무 담당자는 사태의 심각성을 인지하지 못한 채 태평하게 보였다. 사방이 어둠으로 가득 찬 미로 속에 갇힌 기분이었다.

급한 마음에 제조사를 두 차례 찾아가 상황을 설명하고 대금 지급 연기를 부탁했다. 제조사 측은 '자기들도 자금 사정이 어려워 대금이 늦어지면 심각한 타격을 받는다'며 거절했다. 할 수 없이 인수증을 건네주고 회사로 돌아오는 길, 머릿속은 인사조치에 대한 걱정으로 가득 찼다. 완전히 사태의 책임을 지는 '독박' 신세가 되었다. 부서에서는 아무도 도울 수 없는, 외롭게 무게를 짊어진 파수꾼.

가족들의 얼굴이 스쳐 지나갔다. 인수증이 은행을 통해 회사 재정부로 돌아오는 날짜는 대개 3일 이내. 그 시간 안에 돌파구를 마련해야 했다. 고뇌 속에서 허우적거릴 때 문득 한 줄기 희망의 빛이 떠올랐다. 회사 자금 업무를 담당하는 재경본부의 임원이 내 신입사원 시절의 부서장이었다. 오가며 간간이 인사를 드려왔던 사이라서 도와달라고 사정해 보기로 했다.

인사를 드리고 서서 망설이는 나에게 "무슨 일 있나?"라고 물었다. "제가 실수로 사고를 쳤습니다. 도움을 청하려고 왔습니다"라고 운을 뗀 뒤 자초지종을 설명했다. 옛정을 생각해서인지 내가 처한 사정이 딱해 가여운지 임원은 즉시 담당 직원을 불러 인수증이 돌아오면 대금 지불을 처리하라고 지시했다. 나에게는 "항해 중인 제품은 독일 법인에 연락하여 함부르크 항에 잡아두라"라고 했다.

그 순간, 칠흑 같은 먹구름이 낀 바다에 갑자기 등대불이 켜졌다. 옛 부하를 질책하지 않고 담담히 도와준 측은지심이 너무도 커보였다. "감사합니다. 앞으로 잘하도록 하겠습니다"라고 말하고 돌아서는 발길이 그렇게 가벼울 수가 없었다. '나중에 저런 리더가 되어야지' 하고 혼자 되뇌었다. 내 담당 중역이 나중에 이 상황을 알게 되었는지는 알 수 없지만, 다행히 별다른 소란 없이 일이 마무리되었다.

직속 상사들은 아무도 알지 못했다. 불똥이 위로 번지지 않도록 혼자서 감내하고 있던 젊은 매니저의 절박했던 심정을. 실무 담당에게도 아무런 책임을 묻지 않았다. 세월이 흘러 실무 담당자와 소주 한잔 기울이며 당시 상황을 이야기했더니, "그런 일이 있었는지 전혀 몰랐습니다"라고 했다.

강산이 몇 번 변한 후 도움을 준 옛 부서장에 대한 소식을 우연히 듣게 되었다. 미국으로 이민을 가 소식이 끊겼는데 잠시 한국을 방문 중이라는 소문을 듣고 연락처를 입수하여 저녁 식사를 함께 했다.

오래 전 신세를 겼던 것에 대한 감사를 표하고, 내 저서 『뜨겁게 전진하고 쿨하게 돌아서라』를 선물했다. 정작 부서장은 나에게 도움 준 일을 기억하지 못했고, "그런 일이 있었군요"라고 했다. 선물한 책에도 당시 사고 쳤던 이야기가 실려 있음을 설명하고 작별했다.

독박의 무게를 혼자 짊어질 때도 있지만, 그 무게를 나눠줄 따뜻한 손길도 분명 존재한다. 그것이 바로 우리가 살아가면서 혼자가 아니고 외롭지 않는 이유가 아닐까. 독박을 쓰더라도 청춘이 돌아온다면 못 먹어도 Go! 무조건 Go!를 소리껏 외칠 것이다.

조작한 '5'

평소와 다름없는 하굣길이었다. 가방에 든 성적표가 유난히 무겁게 느껴졌다. 날씨는 따뜻했으나 마음은 서늘했다. 시험을 망친 것은 공부를 소홀히 한 당연한 결과였다. 문제는 시험 결과를 먼 친척뻘인 하숙집 삼촌에게 보여줘야 하는 상황이었다.

삼촌은 집안의 독자獨子로, 복싱과 역도로 다져진 강건한 몸매였다. 틈나는 대로 마당에서 줄넘기를 하고 권투 스텝 연습을 하는 미남자였다. 옆방에 자취하는 나의 동년배와 어른용 복싱 장갑을 끼고 대련을 시키더니 하루는 본인이 다니는 복싱 체육관에 데리고 가 링 위에 올려 놓고 모르는 아이와 시합을 시키기도 했다. 서로 친한 부분도 있지만 부담이 되는 사이였다.

집에도 잘 안 보여주던 성적표를 다음 날 삼촌에게 보여줘야 했다. 말 그대로 임자를 만난 것이다. 하숙방에 돌아와 책상에 성적표를 펼쳐놓고 한참을 들여다보며 이런저런 생각에 빠졌다. 결론은, 성적표를 수정하여 반 석차 10위 이내로 만들기였다. 평균 점수가 좀 낮기는 하지만 반 석차만 손대면 그럴싸해 보일 것 같았다.

삼촌의 안전 면도기에서 가늘고 날카로운 면도날을 꺼내 물로 깨끗이 씻었다. 하얀 종이 성적표에 오물이 묻지 않도록. 하숙집 할아버지 내외가 불쑥 들어오지 못하도록 방문을 걸어 잠갔다.

심장이 쿵쾅거렸다. 진정시키려 할수록 더 크게 들리는 쾅쾅 소리. 책상 위에 성적표를 펴놓고 면도날을 잡자 손이 떨리기 시작했다. 체온도 내려가는 듯 차가운 기운이 온몸을 감쌌다. 면도날을 종이에 대기까지 제법 시간이 걸렸다. 마당에서 누군가 끄는 신발 소리에도 신경이 곤두섰다.

먼저, 가지고 있는 잉크색이 성적표에 적힌 숫자 색과 같은지 연습지에 써보았다. 다행히 비슷한 색이 나왔다. 그 다음엔 석차 숫자를 아주 조심스럽게, 미세하게 긁어내니 글자가 희미해지기 시작했다. 그런데 문제가 생겼다. 긁힌 자리에 거의 나노 수준의 가느다란 종이 섬유질이 일어났다. 낭패였다. 글씨를 쓰면 잉크가 섬유질을 타고 퍼질 것 같았다.

긁혀진 종이면을 평평하게 하려고 지우개로 살살 문질렀다. 섬유질이 가라앉지 않아 엄지 손톱을 뒤집어서 윤을 내듯 문질렀더니 조금 낫긴 했으나 긁은 부분이 미세하게 얇아진 것을 볼 수 있었다. 빛에 비춰보니 긁은 부분이 다른 부위보다 훤하게 비쳤다. 불안감이 커졌지만 이미 시작한 일, 끝을 봐야 했다. 펜에 잉크를 묻혀 다른 종이에 숫자 쓰기 연습을 했다.

적어 넣을 등위는 고민 끝에 5를 선택했다. 비교적 잘 쓸 수 있는 숫자였고, 5등이면 삼촌도 별 시비없이 넘어갈 것 같았다. 마음을 가라앉히고 호흡을 고르며 집중했다. 펜에서 잉크가 너무 많이 나오면 안 되기에 최소한의 잉크만 묻혔다.

수전증에 걸린 사람처럼 떨리는 손으로 조심스레 '5'를 써넣었다. 그런데 아뿔싸! 잉크가 섬유질을 타고 살짝 번졌다. 얼른 입김으로 말렸지만 번진 건 어쩔 수 없었다. 어린 내 눈으로 봐도 조작 흔적이 보였다.

새로운 고민이 생겼다. 누가 봐도 조작이 분명한 성적표를 그대로 보여줄지, 아예 찢어서 없애버릴지. 보여줘야 할 시간은 점점 다가오는데 죄인이 된 심정은 어찌할 바를 몰랐다. 식사도 제대로 못 하고 책도 손에 잡히지 않았다. 공부를 안 한 죄에 이제는 양심의 죄까지 더해졌다. 몇 번의 생각 끝에 조작된 성적표를 그대로 보여주기로 했다. 매 맞을 각오를 하니 오히려 마음이 편안해졌다.

　시간이 흘러 굳은 얼굴로 삼촌 앞에 섰다. 무슨 일 있었냐는 삼촌의 물음에 대답 대신 떨리는 손으로 접힌 성적표를 건넸다. 삼촌의 표정을 살피니 씁쓸한 미소가 얼굴을 스치고 실망하는 눈빛이 역력했다. 차가운 공기가 방 안을 채웠다. 잠시 침묵이 흐른 후 삼촌이 입을 열었다.

　"용호야, 정직해야지. 이런 짓은 하면 안 돼. 공부를 열심히 해서 성적을 올리도록 해라."

　의외로 차분하고 따뜻한 목소리였다.

　"네, 죄송합니다. 열심히 공부하겠습니다."

　폭풍이 지나갔지만 부끄러움은 하늘을 찔렀다. 이 일이 소문 나면 어쩌나. 하숙집 식구들이 모두 알게 되면 어떡하지. 고향에 계신 부모님께 알려지면 어떻게 하나. 걱정이 꼬리에 꼬리를 물었다.

　그날 저녁, 하숙집 식구들과 식사를 하며 눈치를 살폈지만 모두 평소와 다름없었다. 알고도 모른 척해주는 건지. 어쨌든 사건은 그렇게 무마되었다.

　하지만 삼촌의 씁쓸한 미소가 자꾸 떠올랐다. '네가 정말 그런 짓을 할 줄이야'라는 실망감과 '어차피 어린애니까'라는 너그러움이 섞여 있었다. 그 미소가 나를 변화시켰다. 이제 결과로 보여줘야 할 차례였다.

밤늦게까지 공부에 매진했다. 심지어 어디서 들었는지 잠 안 오는 약을 여러 약국을 돌아다니며 사서 먹으면서 공부했다. 성적이 서서히 오르기 시작했고, 마침내 중학교 2학년 전체에서 최상위권을 차지하게 되었다.

그로부터 수십 년을 거쳐 온 동안 성적표는 과거의 기억으로 남아 있고 조작한 '5'의 경험이 남긴 교훈은 꾸준히 영향력을 발휘했다. 삶에서 크고 작은 유혹을 만날 때마다 어린 시절 성적표를 조작했던 부끄러움과 실수가 떠올랐다. 정직한 길로 이끄는 나침반이 되었다.

면도날로 긁어낸 종이 위의 숫자처럼, 삶의 어두운 면을 조금씩 깎아내며 걸어온 세월 동안 '5'는 여전히 나에게 각별한 의미를 지닌 숫자로 자리 잡고 있다.

어떤 동행

세상살이는 인연의 연속이다. 말을 배우면서 시작된 만남은 글을 배우며 더욱 넓어지고, 사회에 나와 직장이라는 새로운 무대에서 더욱 깊어진다. 그 수많은 만남 중에서도 나에게는 오래전 회사에서의 특별한 만남이 있다.

대학 졸업 후 공채를 통해 입사한 대기업. 층층이 고참들과 간부들이 즐비하고 구성원 간의 보이지 않는 경쟁과 갈등이 상존했다. 순진하고 착하게 살다가 처음 접하는 회사 생활은 구속과 긴장의 터널이었다.

군대 계급사회와 별 다르지 않았다. 누가 부서장, 임원, 본부장이냐에 따라 분위기가 달라졌다. 인사권을 쥔 본부장이 학연과 지연을 많이 챙기는 타입이면 혜택을 보는 사람이 있는 반면, 능력이 있음에도 적절한 대우를 못 받는 사람도 많았다.

평소 자주 들리던 말들이 있었다. "당신 전공이 뭐야? 그 정도밖에 못 해? 이걸 기획안이라고 써온 거야? 실적이 부진하면 사오기라도 해!" 고통을 주는 상사의 거친 입과 굴곡진 질책의 시간이 지나가면 회사 앞 생맥줏집으로 몰려갔다.

회사 생활 참 힘들어 못 해 먹겠다고 서로 맞장구를 치고 상사 씹는 것을 안주 삼아 부어라 마셔라를 몇 순배하다 보면 돈은 우리가 털리고 술집 주인과 택시 기사만 돈을 벌었다. 낮의 잔혹사를 모르는 아내들은 녹초가 된 남편에게 쓸데없이 택시 타고 돈만 축낸다고 투덜거렸다.

해가 바뀌고 김 상무라는 새로운 본부장이 부임했다. 해외 지점 근무를 마치고 본사 복귀하면서 본부장으로 내정되었다. 성함에 덕德 자가 들어서인지 덕이 많고 성격도 온유하여 큰 소리 내는 걸 거의 본 적이 없었다.

가장 놀라운 것은 직원들에게 반말을 하지 않고 존칭을 썼다는 점이었다. 그간 상사들의 반말 모드에 익숙했던 직원들은 갑작스럽게 접하는 존칭어에 어색해하기도 했다. 신임 본부장 부임 후 회사 앞 생맥줏집 나들이가 현저히 줄어든 것은 다행스러운 일이었다.

새로운 체제에 적응해 가던 중 본부장의 선택을 받아 그룹 인재개발원에서 뽑는 '차세대 리더'로 선발되어 미국 코넬대학 단기 연수를 받았다. 이어서 당해 연도 말에는 독일 프랑크푸르트 법인 근무를 명 받았다.

독일에서는 꿈꾸었던 독일식 가옥에 살면서 두 딸을 독일 학교에 보내 독일어를 습득하게 했다. 전 유럽 국가를 상대로 한 공작기계 판매 및 마케팅 총괄 매니저로서 경력과 업무 시야도 한층 넓혔다. 내 인생에 있어 중요한 성장축을 만들고 비교적 성공적인 주재원 근무를 마쳤다.

귀국 후 소속 회사가 바뀌고 얼마간의 시간이 지나 옛 본부장을 찾아뵈었다. 인정과 배려 덕분에 독일 근무를 무사히 마쳤고 개인적으로도 많이 성장했다고 감사 인사를 드렸다. 본부장은 "특별히 해준 것도 없는데 찾아줘서 고맙다"라며 오히려 겸연쩍어했다.

그날 이후 일 년에 서너 번, 세상 이야기와 서로의 근황을 나누는 만남을 이어가고 있다. 1차 식사를 마치면 어김없이 찾는 곳이 있었다. 피아노가 있는 노래방, 우리의 아지트. 그랜드 피아노의 우아한 선율을 탄 우리의 노래는 세월을 거슬러 올라가는 타임머신이 되어 때론 흥겹게 때론 구성지게 이어졌다.

한번은 우리끼리 노래를 부르고 있는데 이름만 대면 모두 아는 유명한 가수와 일행이 들어왔다. 당시 법적 송사에 휘말려 풀이 죽은 모습이었다. 가수 일행 중 한 사람이 사기진작 차원에서 그 가수의 인기 곡을 좀 불러달라고 했다.

다행히 해당 가수의 노래를 평소 몇 곡 알고 있어 내 스타일로 편하게 불렀다. 의외로 우레와 같은 박수와 함께 앵콜송까지 요청받아 총 3곡을 원작자 앞에서 부르는 영광을 안았다. 가수가 얼굴을 들더니 미소를 띠고 말했다. "아마추어치고는 노래를 참 잘하신다." 이런저런 분위기로 우리 모임은 항상 노래와 흥이 있었다.

코로나로 아지트가 문을 닫는 바람에 더 이상 피아노 반주로 노래하는 기회가 없어졌다. 현재까지도 2차는 노래방이다. 피아노 대신 노래방 기기에 맞춰 부르는 노래는 제맛이 안 나지만 우리는 만남을 지속하며 새로운 추억을 쌓아가고 있다.

옛 상사와의 만남에 가끔 다른 멤버도 합류한다. 만남에 대한 사연을 알고는 부러워도 한다. 오랜 세월이 흘렀는데도 옛 상사와 부하가 변함없이 즐거운 시간을 보내는 모습이 좋아 보인 모양이다.

상사와 부하로서의 첫 만남은 30년 전이다. 시간을 건너뛰었지만 이젠 동행자이다. '동행은 같은 방향이 아닌 같은 마음으로 가는 것'이라 했던가. 세월의 물결을 타면서도 변치 않는 우의友誼를 실은 우리의 배는 미래를 비추는 등대를 따라 항진하고 있다.

우리의 인연은 커다란 선물이다. 다음 모임에서는 최성수의 〈동행〉을 불러볼 생각이다.

운과 네트워크

지난날을 돌아보니, 내 인생의 중요한 순간들마다 예상치 못한 행운이 있었다. 88올림픽이 개최되던 해, 대리 초년 차였던 나는 뜻밖에도 종합상사 도쿄 법인 파견 근무 명을 받았다. 당시 내가 속한 부서는 심사부로, 해외 근무와는 거리가 먼 곳이었다. 장기 재임하던 사장이 물러나고 신임 사장이 그룹사에서 전보 부임했다.

신임 사장은 회사 운영 전반에 변화를 지시했고, 관리 부서 직원들에게도 해외 근무 기회를 주라고 했다. 더 나아가 주재원 후보 추천을 각 본부장에게 의뢰하지 말고 인사부에서 객관적 기준에 의거해 추천하라는 지시를 내렸다.

학연과 지연에 의한 추천의 폐해를 막겠다는 의도였다. 그 덕분에 경력이 짧았음에도 해외 근무 기회를 잡을 수 있었다. 신임 사장과 나를 추천한 인사팀장과의 인연이 나에게 예상치 못한 행운을 선물한 것이었다. 그 후로도 내 직장 생활의 전반에 좋은 영향을 준 인연은 열거할 수 없을 정도로 많다. 감사한 마음뿐이다.

이런 경험을 하고 나니 우리 조상들의 지혜가 새롭게 다가왔다. '운칠기삼運七技三'이라는 말 속에는 삶의 깊은 통찰이 담겨 있었던 것이다. 하버드대학교 니콜라스 크리스타키스 교수는 그의 저서 『Connected』에서 놀라운 연구 결과를 발표했다. 개인의 성공과 행복 중 약 70%가 사회적 네트워크의 영향을 받는다는 것이다. 동서양을 막론하고 인간의 삶에서 관계와 우연이 차지하는 비중을 과학적으로 입증한 셈이다.

사회생활을 하면서 이런 현실을 더욱 절감하게 된다. 내 주위에 어떤 사람이 있고, 어떻게 연결되어 사는가가 인생의 방향을 좌우한다는 것을. 타고난 부모와의 인연을 시작으로 친구, 배우자, 상사와의 만남, 심지어 학연과 지연까지, 우리 삶은 수많은 관계의 그물망 속에서 펼쳐진다.

일류 대학 출신이라는 간판을 내세우며 홀로 똑똑하던 이가 뜻대로 풀리지 않는 인생을 살기도 하고, 학력이 부족해 무시받던 이가 주변에 좋은 인연의 사람을 만나 성공의 길을 걷는 경우를 종종 본다. 이런 현실 앞에서 우리는 자연스레 겸손해진다.

생사를 가르는 결정적 순간에 지인의 한마디 도움말이 생명을 건지게 한 경우도 좋은 예이다. 제2차 세계대전 중 한 유대인 어머니의 이야기이다. 포로수용소로 끌려갈 때 아이의 우유병을 챙기려던 그녀에게 동료 여성이 "가져가지 마라"라고 조언했다. 의아했지만 그 말을 따랐다.

우유를 못 먹은 배고픈 아이가 울자 독일 병사가 짜증을 내며 "아이 데리고 꺼져"라고 소리쳤다. 그 바람에 수용소에서 쫓겨났고, 두 모자는 목숨을 건질 수 있었다. 나중에 보니 그때 함께 잡혀간 사람들은 대부분 학살당했다. 동료와의 인연이 아니었다면 이런 기적 같은 삶이 일어났을까.

그렇다고 해서 이런 행운만 기다리며 살 수는 없다. 영국의 심리학자 리처드 와이즈먼은 저서 『The Luck Factor』에서 '행운'이란 결국 기회를 알아보는 눈과 그것을 잡을 수 있는 준비된 능력의 결합이라고 설명한다. 자신의 목표를 향해 꾸준히 노력하고 실력을 쌓다 보면 좋은 기회도 자연스럽게 따라온다는 것이다.

전 세계 사람들이 행운을 부르는 상징물을 소중히 여기는 것도 이런 맥락에서 이해할 수 있다. 한국의 복조리, 서양의 U자형 편자, 인도의 코끼리상, 일본의 마네키네코, 그리고 모든 사람들이 인정하는 네잎클로버까지.

나폴레옹이 전투 중 네잎클로버를 발견하고 고개를 숙인 순간 머리 위로 총알이 지나갔다는 일화는 유명하다. 그 후 '행운의 네잎클로버'가 되었다. 가끔 길거리에서 비닐 코팅된 네잎클로버를 팔기도 한다. 작은 희망이라도 붙들고 싶은 마음이리라.

무엇보다 중요한 것은 마음가짐이다. 좋은 사람들과 소통하고 서로를 존중하며 살다 보면 뜻밖의 기회가 자연스럽게 우리 곁으로 다가온다. 사람들이 누군가에게 괜찮은 사업거리나 귀중한 정보를 주려고 생각할 때 맨 먼저 누구를 떠올릴까?

아무래도 주변에 믿고 지내는 사람에게 제공할 가능성이 높다. 자신의 성공이 능력보다는 인연에 의한 것임을 인정하는 겸손함은 더 큰 행운을 부르는 자석이 된다. 동시에 실력 부족을 핑계로 자신을 과소평가할 필요도 없다. 우리에게는 아직 보이지 않는 기회가 때를 기다리고 있을지도 모른다.

다만 그것들을 알아보는 지혜와 잡을 수 있는 용기가 필요할 뿐이다. 좋은 인연이 찾아올 여지를 만들고 주변 사람들과 잘 지내는 마음을 갖는 것, 그것이 바로 운을 부르는 방법이 아닐까.

선한 사람들과의 관계를 소중히 하고, 꾸준히 자신을 준비시키며, 겸손한 마음으로 기다려보자. 언젠가 인생이 우리에게 건네줄 또 다른 선물을 위해서.

캥거루 케어

엄마의 따스한 체온과 심장박동 소리가 생명을 살린다는 것을 우리는 얼마나 알고 있을까. 인큐베이터가 준비되지 않은 시절에 미숙아의 높은 사망률을 줄이기 위해 1978년 콜롬비아의 한 병원에서 시작된 '캥거루 케어'는 기적같은 일을 만들어냈다.

Dr. 에드가 레이와 Dr. 헥터 마르티네스가 처음 도입한 이 방법은 인큐베이터 대신 엄마의 심장 가까이에 아기를 안고 피부 대 피부로 따뜻함을 전달하는 것이었다. 얼마간의 시간이 흐르자 신생아의 심박수, 체온, 호흡이 안정되고 엄마와 아이 간의 정서적 유대감이 강화되어 아이가 살아나는 놀라운 효과가 있었다.

어미 캥거루가 새끼를 주머니에 품은 형상이라고 하여 '캥거루 케어'라고 부르게 되었고, 전세계적으로 널리 활용되었다.

호주에서 종종 공유되는 가슴 아프지만 감동적인 이야기가 있다. 쌍둥이로 태어난 아기 중 한 명이 의사들에 의해 사산 판정을 받았다. 하지만 산모는 불쌍한 아이를 그냥 보낼 수가 없어 눈물을 흘리며 살아남은 다른 아이와 함께 가슴에 안고 한동안 있었다.

그러자 사산된 것으로 판정되었던 아기가 산모의 품에서 서서히 생명 신호를 보이기 시작했고, 심장의 고동 소리와 함께 기적적으로 살아났다. 마치 겨울 끝자락에 얼어붙은 땅을 뚫고 나오는 새싹처럼, 사랑의 온기는 꺼져가는 생명에게도 다시 한 번 기회를 선사했다.

흥미롭게도 '캥거루'라는 이름은 의료 현장을 넘어 현대 사회의 또 다른 현상을 설명하는 데도 사용되고 있다. 마치 어미 캥거루가 새끼를 주머니에서 보호하듯, 성인이 된 자녀들이 여전히 부모의 보호막 안에서 살아가는 현상을 '캥거루족' 혹은 '캥거루 자녀'라고 부른다.

두 현상 모두 '보호'라는 공통분모를 가지고 있지만, 그 의미는 사뭇 다르다. 신생아에게는 생존을 위한 필수적 케어였다면, 성인에게는 자립의 지연을 의미하기도 한다. 1990년대부터 사용되기 시작한 이 용어는 경제적 불안정이나 높은 생활비, 취업난 등으로 인해 자립이 어려운 젊은 세대를 묘사한다. 이들은 마치 어미 캥거루의 주머니 속 새끼처럼 부모에게 재정적, 정서적, 심리적으로 의존하며 살아간다.

어떤 면에서는 각박한 세상에서 우리 모두가 그리워하는 것, 무조건적인 사랑과 안전한 보호막이 무엇인지를 보여주는 것인지도 모른다. 현대의 캥거루 케어는 부모가 여전히 자녀를 대신하여 중요한 결정을 내려주고, 재정적 쿠션을 제공하며, 어려움이 생길 때마다 보호막 역할을 해주는 모습으로 나타난다. 이는 태어날 때 제공된 원초적인 보호의 연장선으로, 자녀가 성장한 후에도 따뜻한 주머니를 열어주는 것이다.

하지만 캥거루 어미도 때가 되면 새끼를 주머니 밖으로 내보낸다. 넘어지고 다치더라도 스스로 뛰어다닐 수 있을 때까지 지켜보며 기다린다. 우리의 사랑도 그래야 하는 것 같다. 자녀가 독립할 수 있도록 돕되 그들이 시행착오를 겪으며 성장하는 과정을 지켜보는 용기도 필요하다.

본래의 캥거루 케어는 신체적, 정서적 성장에 필수적인 기초를 제공하지만, 성인이 된 이후의 지속적이고 과도한 보호는 예측 불가능한 세상에서 독립성과 자신감을 키우는 데 걸림돌이 될 수 있다.

물론 모든 '캥거루 자녀'가 같은 이유로 부모의 품에 머무는 것은 아니다. 경제적 어려움을 잠시 극복하기 위해, 또는 가족과의 깊은 유대를 지키기 위해, 혹은 부모를 돌보기 위해 함께 사는 이들도 있다. 치솟는 부동산 가격, 불안정한 고용시장 등 현대 사회의 복잡성을 고려할 때, 성인 자녀가 부모와 함께 지내는 것이 때로는 현명한 선택이 될 수도 있다.

어미 캥거루처럼 우리는 자녀가 자립할 수 있도록 돕되, 필요할 때는 언제든 안전한 품을 제공해야 한다. 진정한 사랑이란 상대방의 성장을 촉진하는 환경을 조성하고, 그들이 독립적인 존재로 세상에 당당히 설 수 있도록 돕는 과정이다.

하지만 여기에는 지혜로운 균형감각이 필요하다. 너무 일찍 주머니에서 내보내면 아직 준비되지 않은 아이가 상처받을 수 있고, 너무 오래 품고 있으면 스스로 날아오르는 힘을 기를 기회를 놓칠 수 있다.

세상이 예상하지 못했던 빠른 속도로 변하고 있다. 디지털 네이티브 세대와 부모 세대 간의 소통 시간이 점점 줄어가는 가운데, 젊은 세대들이 부모의 품에서 안락함을 느끼며 함께 살아가는 기간이 얼마나 될지도 두고 볼 일이다. 부모의 애정과 사랑을 깊이 이해하고 진정으로 감사할 수 있기까지는 많은 시간과 경험이 필요하다.

캥거루 케어는 산모와 아기의 따뜻한 유대 관계에서부터 성인이 된 자녀를 위한 안전한 둥지까지, 우리에게 사랑과 연결의 지속적인 힘을 가르쳐 준다. 부모가 제공하는 따뜻함은 자녀들의 용기와 회복력을 키우는 기반이 되어 유년기와 성인기 모두에서 중요한 역할을 한다.

결국 캥거루 케어의 핵심은 조건 없는 사랑의 전달이다. 그것은 때로는 따뜻한 포옹으로, 때로는 묵묵한 지지로, 때로는 용기 있는 놓아줌으로 표현된다.

서로의 온기를 나누는 법을 배우는 것, 받을 때와 줄 때를 아는 것, 의존할 때와 독립해야 할 때를 구분하는 것, 이것이 바로 우리 시대에 필요한 새로운 의미의 캥거루 케어가 아닐까 생각해 본다.

사랑한다는 것은 상대방을 영원히 자신의 품 안에 가두어 두는 것이 아니라, 그들이 스스로의 힘으로 세상을 헤쳐나갈 수 있도록 준비시켜 주는 것이다. 그리고 언제든 돌아올 수 있는 따뜻한 보금자리가 되어 주는 것이다.

하룻밤의 행복

오래 전부터 딸과 약속된 손자와 하룻밤 보내기 날이 왔다. 사위는 해외 출장, 딸은 미국에서 일시 귀국한 친한 언니와 1박 2일 여행 일정으로 집을 비웠다. 손자와 제일 친한 내가 집 비운 두 사람을 대신하여 하룻밤을 책임지는 숙제를 받았다.

평소 아이의 어린이집 하원맞이를 주로 담당하던 나였지만, 밤잠을 재우고 하룻밤을 온전히 같이 지내야 하는 일은 다소 부담스러웠다. 딱 한 번, 늦게 들어온 아이 부모를 대신해 아이를 재운 적은 있었으나 아이가 칭얼대어 상당 시간 들쳐 안고서 재웠다.

당일 오전에는 밀린 글쓰기와 블로그 작성, 점심 후에는 탁구 레슨과 게임으로 후딱 지나갔다. 오래 전 선약으로 잡힌 저녁 식사는 첫 직장 동료들과의 회식. 밀린 얘기, 지인들 소식, 과거 해프닝 등으로 정말 시간 가는 줄 모르고 웃고 떠들고 있는데 딸로부터 전화가 왔다. 할머니가 아이와 함께 있는데 많이 운다며, 언제쯤 집에 갈 수 있냐고 물었다. 현재는 아이를 달래기 위해 그간 안 틀어주던 TV를 보여주고 있다고 했다.

서둘러 집에 오니 손자가 환하게 웃으며 달려와 안겼다. 보던 TV를 바로 껐는데도 아이가 시비를 걸지 않았다. 우선 나란히 앉아 아이와 호흡을 맞추었다. 몇 번 보여주었던 나의 탁구 레슨 영상을 틀어달라고 하여 PC를 켜서 보여주었다. 탁구 치는 손동작을 즐겁게 흉내 내며 계속 반복 버튼을 눌렀다.

싫증이 났는지 다른 것 보여달라고 하여 손자 사진 모음 폴더를 열어주었다. 잠시 후 "엄마는 언제 와?" 하고 물어 마음이 철렁했다. 올 것이 왔구나. 엄마 안 온다고 울면 어떡하지? "엄마는 늦게 온대. 우리 침대에 가서 누워 놀자"라며 말을 걸어 방으로 데리고 들어갔다. 다행히 별 저항 없이 따라 들어왔다.

전등을 끄고 한참을 둘이서 속닥거리며 장난을 치다가 "이제 자자"라고 말했다. 아이가 큰 침대로 올라가 자기 옆에 누우라고 했다. 엄마를 찾지 않아 잘하면 별일 없이 재울 수 있을 것 같은 예감이 왔다.

좋아하는 봉베개와 장난감 핸드폰을 챙겨 나란히 누워 아이가 자주 부르는 동요 몇 곡을 함께 불렀다. 간간히 아이가 "늑대가 나타났다. 사자가 나타났다"라고 외치면 "얏!" 하면서 허공에 발길질을 하여 쫓아내는 동작을 해주면 깔깔대며 신나했다.

한번은 "얼룩말이 나타났다"라고 말했다. 얼룩말, 토끼, 병아리는 안 무섭고 귀여우니 "아이 귀여워!"라고 말하라고 가르쳐주니 금세 따라했다.

평소 잠자는 시간을 넘어가는 것 같아 아이 침대로 내려가 더 어렸을 적에 들려주었던 자장가를 메들리로 불러주었다. 아울러 토닥토닥해 주니 하품을 하며 잠자는 무드로 들어섰다. 불러주는 자장가는 강력한 효력을 발휘했다.

아이가 더 작았던 시기에 잠을 너무 잘 재워 내가 아이를 안으면 딸이 지금 시간에 잠재우면 안 된다고 만류했던 때도 있었다. 조용히 귀 기울여 숨소리를 들으니 잠에 떨어졌다. 음주 탓에 행여 아이보다 먼저 잠에 떨어지지 않으려 정신을 바짝 차리고 일과를 마무리했다. '보람찬 하루 일을 끝마치고서~' 군가 가사를 떠올리며 큰 침대로 올라가 잠을 청했다.

그런데 새벽 3~4시쯤 되었을까? 아이가 깬 소리가 났다. 긴장을 하고 잤기에 조그마한 소리도 들을 수 있었다. 아이가 일어서더니 내 몸과 머리 부분을 만졌다. 혹 엄마인지 확인하는 행동인가 잠깐 기다리다가 다른 생각 못 하게 아이를 얼른 껴안아 내 옆으로 눕히며 "오~ 우리 아이, 잠이 깼구나"라고 말했다.

뜻밖에도 엄마를 찾는 대신 "왜 위 침대로 올라갔어?"라고 물었다. 휴~ 다행. "너 편하게 자라고 올라왔어" 하니 다시 자기 침대로 내려가 자자고 했다. 그 시간에 엄마를 찾으며 울면 어떡하지 하며 조마조마했던 마음이 다시 편안해졌다. 바로 내려가 나란히 누워 살짝 껴안고 토닥거리니 다시 잠들었다.

다음 날 아침 6시 30분경 아이가 깼다. 잠자리 들기 전에 있었던 일들을 주저리주저리 나열했다. 누가 뭘 주었고 어디다 두었고…. 거실로 나가 제일 좋아하는 대형 플라스틱 자동차를 타고 몇 바퀴 돌았다.

배가 출출한지 바나나를 들고 먹으며 "할아버지도 먹어!"라고 배려 섞인 명령을 했다. 이어서 우유, 시리얼, 치즈를 연달아 해치우고는 자전거를 타러 나가자고 졸랐다. 평소 속도를 즐기는 지하주차장 입구 경사로에서 오르내림을 수차례 했다.

나는 입출차 차량이 오나 안 오나 보초 서는 경계병으로서 정신을 바짝 차리고 경계했다. 자전거 놀이가 만족되었나 싶은 순간에 갑자기 마을버스를 타자고 요구해 왔다. 나와의 첫 하룻밤을 무난히 보내 준 아이가 고마운 나머지 요구를 다 들어주었다.

오후 약속이 있어 나가야 할 시간이 되었다. 아이가 안 떨어지려고 하면 어떡하지 걱정을 하며 "할아버지, 밖에 갔다 올게"

라고 말을 하자마자 "할아버지, 가지 마!"라고 울부짖었다. 눈물이 순식간에 볼을 타고 흐르는 가운데 연달아 "할아버지, 가지 마!"를 외쳤다.

온몸을 흔들며 우는 아이를 떼놓고 돌아서는 마음은 착잡했다. 이따 보자고 얘기해도 아무 소용이 없었다. 엘리베이터를 타는 순간에도 아이의 울음소리는 더 크게 들려왔다. 평소의 애정과 하룻밤을 잘 보낸 아이에 대한 사랑이 순서 없이 교차했다. 나중에 아이의 할머니에게 들으니 내가 떠나고 한참을 울었고 안아줄 때 잠시 괜찮다가 또 울먹거렸다고 했다.

같이 보낸 첫 하룻밤. 둘 사이에 더 깊어진 애틋함과 영글어진 사랑이 뜨거운 가을 햇살에 잘 익어가는 진노란 대추알같이 반짝였다. 헤어지며 분출된 그윽한 무늬의 안타까움은 금세 그리움으로 바뀌었다. 아이가 벌써 보고싶다.

그 작은 손으로 내 얼굴을 만지던 새벽의 감촉이, "할아버지, 가지 마!"라고 눈물로 울부짖던 그 목소리가, 가슴 깊은 곳에서 메아리와 함께 출렁였다.

괘씸죄

법전 어디에도 없는 죄가 있다. '괘씸죄'다. 그러나 이 죄만큼 우리 일상에서 무겁게 다뤄지는 죄도 드물다. 아랫사람이 윗사람의 마음에 거슬리는 행동을 했을 때 받는 미움, 그것이 바로 괘씸죄다. 수천 년 뿌리내린 유교 문화 속에서 자란 이 보이지 않는 법칙은, 때로는 성문법보다 더 가혹한 심판을 내린다.

괘씸죄 외에도 우리 사회엔 '웃음죄'와 '무전죄'가 있다. 심각한 자리에서 웃어 눈총을 받는 죄와 돈이 없는 죄를 말한다. 조직 생활을 해본 사람이라면 이 중 하나쯤은 범해본 경험이 있을 것이다. 나 역시 그랬다.

일본 법인에서 본사로 복귀한 지 얼마 안 되었을 때였다. 중간 간부로서 안정된 궤도에 올라 있던 나에게 예기치 못한 시험이 찾아왔다. 태국에서 근무를 마친 중역 한 사람이 우리 부서로 전보되어 온 것이다. 각 영업 본부에서 받기를 꺼리는 인물이었다.

본부장이 과거 경력 직원 입사 동기였던 옛정을 생각해 마지못해 받아들였다. 내가 알고 지낸 선배 한 사람이 해당 중역의 비인간적 처사에 항의하는 연판장을 돌리다가 사전 누설되어 회사를 떠난 사실도 들어 알고 있었다.

전입 후 해당인의 언동은 소문 그대로였다. 무조건적 지시와 반말을 듣는 것이 일상화되었다. 어느 날, 중역이 예상 못한 지시를 했다. "차·부장들이 자신과 같은 수평 라인에 앉는 것이 못마땅하다며 책상을 앞으로 빼라"라고.

당시 배치는 맨 앞 줄에 남자 사원과 여자 사원, 맨 뒤 창문 쪽에 차·부장과 중역이 앉는 형태였다. 차·부장 책상을 앞으로 빼면 맨 앞 줄 직원들은 복도에 나앉아야 할 처지였다.

아무도 감히 대꾸하지 못하고 눈치만 보고 있었다. 답답함을 참지 못해 내가 나서 상황을 설명하며 곤란하다고 말했다. 평소 자그마한 갈등이 쌓인 탓인지 "네가 뭔데 또 나서냐?" 하는 그의 차가운 시선이 나를 겨눴다. 그 순간, 나는 괘씸죄라는 보이지 않는 족쇄에 묶인 죄수가 되었다.

화기애애했던 부서 분위기는 점점 얼어붙었다. 직원들이 결재를 받으러 가면 언제나 시비거리만 찾아 괴롭혔다. 결재가 끝나면 서류를 직원에게 건네주는 대신 '결재함'에 던져버렸다. 내부 서류들이 비행기처럼 날아 바닥에 흩어지면, 동료들이 함께 주워야 했다. '봉숭아 학당'도 저리 가라 할 광경이었다.

당시 본부장은 동유럽 제품 판매 미수금 회수 문제로 장기 출장을 떠나 있었다. 입지가 불안해진 본부장을 중역은 "재기 불능"이라고 폄하하며 밑에서 흔들어댔다. 참으로 인성이 나쁜 사람이었다. 본부장도 어느 술자리에서 "사람을 잘못 받았다"라고 후회하는 말을 내게 털어놓았다.

회사에 나가기가 싫을 만큼 분위기는 악화일로였다. 옆 팀 과장과 작당을 하여 '폭탄 돌리기'를 하기로 했다. 중역이 사무실에 있으면 모두가 괴로우니, 교대로 외부 협력업체 방문을 주선하자는 것이었다. 그러나 이번에는 협력업체에서 "같이 오지 말라"라는 원성이 나왔다.

으쌰으쌰 하는 분위기는 실종되고 부서 영업이익은 적자로 돌아섰다. 회식도 점점 사라져갔다. 결국 인원 조정이라는 소문이 돌았고, 중역과 사이가 나쁜 나는 피할 도리가 없었다. 해외 체류 중인 본부장의 반대에도 불구하고, 나는 다른 3명과 함께 타 부서로 전보되는 인사 명령을 받았다.

괘씸죄에 제대로 걸린 것이다. 그러나 전보 대상에 올랐다는 창피함보다는, 험악한 분위기를 벗어날 수 있다는 안도감이 더 컸다. 당초 해외지점에서 복귀할 때 가려고 했던 부서로 전보 명령이 떨어진 것도 위안이었다.

부서에서의 마지막 날, 중역은 전보 대상자들과 과장급 이상을 회의실에 모아 작별 미팅을 소집했다. 전보 대상자들에게 이별사를 한마디씩 하라고 했다. 앞선 3명은 고개를 푹 숙이고 "열심히 노력하겠습니다"라는 판에 박힌 말만 되뇌었다. 마치 감옥에 잡혀가는 사람들 같았다. 마지막 차례에 나는 담담하게 입을 열었다.

"O 이사님께 부탁 말씀드리겠습니다. 조직을 운영하는 보스는 품어야 할 것들이 많습니다. 조직원들이 부족한 부분이 있으면 가르침으로 메꿔주어야 하고, 변화를 원하면 변화를 요구하되 변하지 않으면 조치를 해야 합니다. 이제 저는 이 부서를 떠납니다. 남아있는 어린 후배들한테는 이런 식으로 하지 않았으면 좋겠습니다. 모두 안녕히 계십시오."

중역의 얼굴이 울그락불그락해지고 배석한 사람들이 모두 긴장했다. 할 말을 한 속은 후련했다. 회의실에서 분이 찬 얼굴로 나온 중역은 들고 있던 회사 다이어리를 자기 책상에 내치는 소인배의 모습을 보였다.

'독불장군이라는 별명이 있다고 했지? 세상은 혼자 사는 게 아니야.' 찰스 다윈의 말이 순간 떠올랐다. "살아남는 좋은 가

장 강한 종이 아니고 그렇다고 두뇌가 뛰어난 종도 아니고 변
화에 가장 잘 적응하는 종이다."

새로운 부서는 완전히 다른 세상이었다. 악연이 행운을 불러
왔고 좋은 씨가 아름다운 꽃을 피우기 시작했다. 맡았던 프로
젝트들이 연이어 성공하며 인정받았다. 직장 생활 중 가장 의
미 있는 성장 곡선이 다시 힘차게 그려졌다.

그룹에서 선발하는 '차세대 리더 리스트'에 이름을 올려 미국
코넬대학교 단기연수도 다녀왔다. 이듬해에는 독일 법인 세일
즈 매니저로 발령받아 경력과 실력을 키우는 결정적 기회를 맞
았다. 돌이켜 보면 직장 생활의 황금기였다. 악연이 때로는 행
운이 되기도 하는 세상이다.

세월이 한참 지나 나도 중역이 되어 열심히 일하고 있을 때,
어느 식당에서 O 이사와 우연히 마주쳤다. 이미 은퇴한 상태였
고 일행과 함께 식사를 하고 있었다. 나는 조용히 그분들의 식
비를 계산하고 나왔다. 사람을 미워하는 타입이 아닌데다, 오
히려 감사한 마음이 들었기 때문이다.

세상 풍파에 몸을 맡기면서도 아닌 것에는 아니라고 소리 내
며 살아온 나에게, 누군가 괘씸죄를 범하는 이가 있다면 그냥
웃어넘길 수 있을까? 있을 것 같다. 겪어봤던 심적 아픔과 고뇌
가 너무도 깊었기에.

한 세상 살면서 조금 눈에 벗어났다고, 실수로 괘씸한 일을 했다고 가진 힘을 이용해 가혹한 벌을 주는 행위는 추해 보인다. 후배들에게도 괘씸죄를 조심하라고 교육했다. 특히 나이 많은 상사들을 상대할 때는 더욱.

많은 시간이 흘렀건만, 괘씸죄에 걸려 힘든 시기를 보낼 때 도움을 주었던 분들이 생생히 떠오른다. 감사한 마음을 항상 가슴에 품고 산다. 어디에 살고 있든 축복과 행운이 함께하기를 빌고 있다. 법전에는 없지만 우리 삶을 지배하는 괘씸죄.

그 무거운 족쇄를 차고 살아가는 사람들에게, 때로는 그 족쇄가 날개가 될 수도 있음을 말하고 싶다. 중요한 것은 그 쓰라린 경험을 어떻게 소화하고 어떻게 더 큰 성장의 발판으로 삼느냐이다. 그리고 조금 지나보면 안다. 세상은 돌고 돈다는 것을.

얼굴 경영

세상에 변하지 않는 것은 없다. 시간이 흐르고 환경이 바뀌면서 우리 얼굴도 조용히 변해간다. 우리가 살아온 방식, 품어온 생각, 해온 행동들이 주름과 표정으로 새겨지는 것이다.

생소하게 들릴지도 모르지만 '얼굴 경영'이라는 말이 있다. 주위에서 자주 듣는 '표정 관리'와 연결해 보면 얼굴을 경영한다는 것도 쉽게 이해되는 말이다. 자신의 얼굴과 인상은 스스로 만들어간다는 뜻이다. 타고난 생김새는 바꿀 수 없지만, 세월이 만드는 인상은 바꿀 수 있다. 그것은 우리의 마음가짐이 만든 표정 성적표이다.

조선 세조의 왕위 찬탈을 다룬 영화 〈관상〉에서 관상쟁이 김내경송강호 분은 수양대군이정재 분을 한 번 보고도 그가 역모를 꾸

밀 인물임을 단번에 알아본다. 얼굴에서 그 사람의 본성과 운명을 읽어내는 관상학의 힘을 보여준 장면이었다.

관상의 긍정적인 측면은 좋은 인재 발굴에 활용되었지만 부정적인 측면에서는 인재로 성장할 수 있는 정적을 제거하는 수단으로 악용되기도 했다. 신라 시대 중국 당나라를 통해 『달마상법』 등이 들어오면서 우리나라에 관상에 대한 관심이 높아졌다고 한다.

주변을 살펴보면 이것이 단순한 말이 아님을 알 수 있다. 평생 꾀만 부리며 남을 이용하거나 해롭게 하면서 자신의 이익만을 좇았던 이의 얼굴에는 교활함이 깃든다. 타인의 재산을 속여서라도 자신의 욕심을 채우려 했던 이의 눈가에는 탐욕이 서린다.

조상의 덕으로 부유하게 살면서도 베풀 줄 모르는 이의 표정에는 교만과 이기심이 가득하다. 이기적 수완으로 한때 잘나가는 것처럼 보여도 그 복은 오래가지 못한다. 주위에 있던 사람이 떠나거나 거리를 둔다. 잠시 임시 주인으로서 재물을 소유할 뿐인데 영원으로 착각하는 사람들이다.

반면 평생을 정직하게 살며 타인을 배려해 온 이의 얼굴에는 따스한 기운이 감돈다. 어려운 이웃을 돕고 봉사하며 살아온 이의 미소에는 선한 빛이 서려있다. 자신보다 타인을 먼저 생각하며 살아온 이의 주름에는 세월의 지혜가 깃들어 있다.

이타적으로 베풀며 사는 사람의 마음 상태는 보람과 기쁨으로 채워진다. 개인의 욕심을 분주하게 추구하는 모습을 찾아보기 힘들다. 더욱이 인심을 얻어 주변에 좋은 사람이 많이 모여든다. 일부러 웃지 않아도 우아하고 살짝만 미소 지어도 광채가 난다.

이러한 현상은 동서양을 막론하고 오래전부터 인정되어 왔다. 동양의 관상학에서는 "삼십 이전의 얼굴은 하늘이 준 것이고, 삼십 이후의 얼굴은 스스로 만든 것이다"라고 했다. 송나라 주희도 "사람의 얼굴은 그의 마음이 만든다"라고 했고 서양에서도 비슷한 통찰이 있었다.

독일의 철학자 쇼펜하우어는 "40대 이후의 얼굴은 그 사람의 영혼을 보여주는 거울"이라 했다. 이처럼 많은 현인은 우리의 얼굴이 단순한 유전적 산물이 아닌, 삶의 방식과 마음가짐이 빚어낸 결과물임을 강조했다. 이를테면, 삶을 주체적으로 살아가며 긍정적인 생각과 바른 마음을 갖는 것이 중요하다는 얘기다.

얼굴은 거짓말을 하지 않는다. 젊었을 때는 화장과 표정 관리로 일부 감출 수 있을지 모른다. 하지만 나이가 들수록 우리가 살아온 방식이 얼굴에 새겨진다. 욕심과 이기심으로 가득 찬 마음은 날카로운 눈매와 굳게 닫혀진 입매로 드러나고, 너그럽고 따뜻한 마음은 부드러운 미소선으로 표현된다.

과거 국내 S 그룹에서 신입 사원 채용 인터뷰를 할 때 입사 후보자들의 관상을 참조했던 것도 이와 무관하지 않다. 세상 살면서 많은 사람을 만나고 다양한 경험을 한 사람은 처음 만난 사람의 개성을 개략이라도 파악할 수 있고 때로는 속내까지도 읽어낸다.

나이 들어 멋진 인상을 갖고 싶다면, 타인에게 거북한 인상을 주지 않으려면 이제라도 마음을 가꾸는 연습을 하는 것이 어떨까 한다. 타인을 향한 너그러움을 키우고, 베푸는 기쁨을 알며, 감사하는 마음으로 살아가자. 매일매일의 작은 선택들이 모여 우리의 미래 얼굴을 만든다.

거울을 볼 때 객관적으로 자신의 얼굴 인상을 평가해 보고 스스로 물어보라. "현재 나의 얼굴은 어떤 인상인가?", "나는 어떤 얼굴로 늙어갈 것인가?", "어떤 얼굴이 되기를 원하는가?" 닮고 싶은 사람의 인상과 본인의 인상을 객관적으로 비교도 해보자.

웃음과 미소는 얼굴 경영에 필요한 묘약이다. 우리가 젊었을 때 꿈꾸던 우아한 노년의 모습을 위해 지금 이 순간부터 새로운 '얼굴 경영'을 시작해 보는 것은 어떨까.

후회 없는 삶을 살았다는 자부심, 타인을 위해 봉사했다는 따뜻함, 세상을 아름답게 만들었다는 뿌듯함이 담긴 그런 얼굴을 위해. 우리의 얼굴은 결국 우리가 써내려간 인생의 자서전이 될 것이다.

상담심리학을 통한 깨달음

인간의 심리는 깊고도 복잡한 미로와 같다. 사람들 마음의 움직임을 포착하고 겉모습과 다른 내면을 읽어내는 것은 언제나 흥미로운 일이었다.

어떤 사람들은 왜 겉과 속이 다르게 행동하는지, 부자들은 왜 그토록 다른 모습의 인간성을 보이는지, 겉으로 드러내는 표정에는 얼마만 한 진실이 담겨 있는지. 갑자기 배우자가 보고 싶다며 직장으로 찾아오는 여성의 심리는 어떤 것인지, 상대방의 관심을 받기 위해 애쓰는 사람의 마음은 어떤 상태인지. 이러한 궁금증들이 나를 상담심리학의 세계로 이끌었다.

직장에서 나는 종종 동료들의 고민을 들어주는 역할을 했다. 단순한 업무 고충부터 개인적인 가정사까지, 그들의 이야기를 듣고 위로하는 과정에서 보람을 느꼈다. 상담을 마치고 돌아가는 직원들의 밝아진 표정을 보며, 비록 전문가는 아니지만 그들의 마음에 작은 위로가 되었다는 생각이 들었기 때문이다.

가장 중요한 것은 그들이 나를 믿고 숨기고 싶었던 이야기를 털어놓았다는 점이었다. 이런 경험이 쌓이면서 더 전문적인 지식을 갖춰 주변 사람들에게 도움을 주고 싶다는 생각에 H 사이버대학교 상담심리학과에 편입하게 되었다.

상담심리학의 기초를 배우면서 다양한 이론적 관점을 접하게 되었다. 프로이트의 정신분석학에서는 무의식의 중요성과 자아를 보호하는 심리적 기제들을 강조한다.

무의식에 억압된 감정과 욕구가 어떻게 현재의 행동에 영향을 미치는지, 그리고 투사자신이 받아들이기 어려운 감정을 상대에게 덮어씌우는 것, 부정현실을 인정하지 않으려는 마음, 합리화자신의 행동을 그럴듯한 이유로 포장하는 것 같은 심리적 방어기제가 어떻게 마음의 안정을 유지하는지 이해하게 되었다.

인간중심치료를 주장한 칼 로저스는 "내담자를 있는 그대로 받아들이고 공감하는 것이 치료의 핵심"이라고 했다. 로저스가 제시한 '무조건적 긍정적 관심'조건 없는 따뜻한 관심, '진정성'가식 없는 솔직함, '공감적 이해'상대의 입장에서 느끼고 이해하기라는 세 가지 핵심 요소는 효과적인 상담 관계 형성의 기본이 된다는 것을 배웠다. 수업을 통해 이론적 지식을 쌓아가며 인간 심리의 다양한 측면을 이해하게 되면서 서서히 갈증이 해소되었다.

앨버트 엘리스의 합리적 정서행동치료에서 제시하는 'A-B-C 이론'은 특히 의미 있게 다가왔다. 어떤 상황A이 직접적으로 감정이나 행동 결과C를 만드는 것이 아니라, 그 상황에 대한 개인의 믿음과 해석B이 결과를 결정한다는 관점이었다.

현재 상담 현장에서 가장 널리 사용되는 접근법은 아론 벡이 개발한 인지행동치료라고 할 수 있다. 일반적으로 문제 파악과 목표 설정, 부정적 사고 패턴 찾기, 사고와 감정의 연결 관계 이해하기, 왜곡된 사고를 현실적 사고로 바꾸기, 새로운 행동 실천하기, 변화 유지하기의 단계로 진행된다.

과학적 연구를 통해 효과가 입증된 치료법으로서 다양한 심리적 문제불안, 우울, 공포증, 트라우마 등에 효과적이라는 연구 결과가 풍부하기 때문이다. 또한 비교적 단기간에 구체적인 결과를 얻을 수 있고, 명확한 구조와 기법을 갖추고 있어 실행과 평가가 용이하다는 장점이 있다.

최근에는 마음챙김 기반 인지치료 등이 기존 치료법에 동양적 명상과 수용의 개념을 결합하여 더욱 효과적인 치료 모델로 발전하고 있다.

하루는 온라인 수업을 함께 받는 학생들과 담당 교수 한 사람이 야외 워크숍을 했다. 한 학생이 교수에게 "교수님, 제가 심리학을 공부하고 있지만 반항기인 아들과 대화가 잘 안되는데 어떻게 하면 될까요?"라고 질문했다.

교수가 경청과 공감의 중요성을 설명하자, 학생은 "이론에서 배운 것을 써봤는데 효과가 없었어요. 실제로 통하는 방법을 알려주세요"라고 요청했다. 이런 대화가 몇 번 오가다가 교수의 목소리 톤이 높아졌고, 결국 교수는 학생이 자신을 무시한다고 느꼈는지 소리를 지르며 나가라고 했다. 함께 자리한 학생들은 물론이고 나에게도 큰 충격으로 다가왔다.

이 사건은 '역전이'의 전형적인 예로 볼 수 있었다. 상담에서 '역전이'란 상담자가 내담자에 대해 가지는 무의식적 감정 반응으로, 종종 상담자 자신의 해결되지 않은 내적 갈등이나 상처에서 비롯된다.

교수는 자신의 권위가 도전받는다고 느끼며 전문가로서의 경계를 유지하지 못하고 개인적 감정을 학생에게 투사한 것이었다. 자신과 학생 사이의 감정적 경계를 구분하지 못한 모습이었다.

이 사건 이후 상담심리 자격증을 취득하고 졸업하겠다던 내 계획과 열정에 균열이 생기기 시작했다. 상담심리를 전공하고 강의를 하며 정신적 고통에 시달리는 사람들을 치료하고 있다는 교수의 행동을 어떻게 해석해야 할까? 사람들과 사이좋게 지내며 자연스럽게 대화하고 좋은 관계를 유지하며 즐겁게 사는 사람들이 상담을 더 잘하는 건 아닐까? 박사 학위를 가진 교수는 이론에만 치중된 것일까?

혼란과 회의가 드는 시점에 새로운 직장을 구하게 되어 업무에 바빠졌다. 수업을 병행하기가 어려워 휴학을 선택했으나 결국 학교로 돌아가지 못했다.

하지만 돌이켜 보니 그동안의 학습과 작은 경험들은 내게 중요한 깨달음을 주었다. 특히 내 아이와의 상담 과정을 통해 큰 교훈을 얻었다. 예전에 아이가 극심한 직장 스트레스로 고민을 털어놓았을 때, 나는 상식적 기준으로 "그러지 말았어야지. 이렇게 해봐. 잊어버려"라는 식으로 내가 내린 결론과 생각을 일방적으로 전달하는 실수를 범했다.

아이의 자율성과 자기효능감스스로 문제를 해결할 수 있다는 믿음을 저해했던 것이다. 그 이후 아이는 더 이상 고민을 상담하지 않았다. 지금 생각해 보면 아이의 마음 상태를 먼저 이해했어야 했고, 경청과 공감을 통해 참을성 있게 대응했다면 아이는 더 마음을 열고 대화했을 것이다.

이제는 누구의 상담 요청을 받을 때 "그랬군요. 그때 마음이 많이 힘들었겠군요. 나라도 그런 상황이면 많이 힘들었을 거예

요"라며 먼저 공감하고, "그런 선택을 한 이유가 있었을 텐데, 어떤 생각이었어요?"라고 물어본다.

이렇게 하면 상대방이 스스로 자신의 마음을 들여다보는 기회를 갖게 되고, 같은 배를 타고 있는 사람이 바로 앞에 있다고 안심하며 더 속내를 털어놓게 된다. 상담받는 사람이 자신의 고민과 관련된 이야기를 많이 할수록 더 좋은 상담 결과를 낼 수 있다.

결국 좋은 상담은 화려한 기법이나 이론을 넘어서, 한 인간으로서 다른 인간을 진심으로 만나려는 마음에서 시작된다. 상대를 분석의 대상이 아닌 존중받아야 할 주체로 바라볼 때, 비로소 진정한 만남이 가능해진다.

이것이 내가 상담심리학을 통해 얻은 가장 소중한 깨달음이다. 인간에 대한 깊은 이해와 따뜻한 관심, 그리고 겸손한 자세야말로 진정한 상담자가 갖춰야 할 덕목이 아닐까 싶다.

디지털 자녀 vs 아날로그 부모

"오늘 학교에서 뭐 했어?", " 뭐 특별한 것 없었어.", "친구들
이랑 재밌게 지냈니?", "응." 아니면 "시험을 잘 봤어?", "별로."

학생 자녀를 둔 한국의 평범한 가정에서 오가는 일상적인 대
화다. 하지만 이런 대화조차 하루 평균 13분에 불과하다는 사
실을 아는가? 반면 우리 아이들이 혼자 방에서 보내는 시간은
3시간이 넘는다. 28개국을 조사한 결과, 부모와 자녀 간 대화
시간으로 보자면 한국이 최하위를 기록한 충격적인 수치다.

T.S. 엘리엇은 "집이란 우리가 시작하는 곳이며, 사랑이 자
라나는 정원"이라고 했다. 하지만 오늘날 한국의 집은 정말 사
랑이 자라는 정원일까? 아니면 각자의 디지털 세계로 흩어지는
경유지에 불과한 것일까?

최근 한 글로벌 가구 기업이 한국 청년들에게 '집'의 의미를 물었다. 놀랍게도 상당수가 "혼자만의 휴식 공간", "간섭받지 않는 수면 장소"라고 답했다. 가족과 정을 나누는 공간이라는 전통적 개념은 온데간데없었다.

이는 우연이 아니다. 한국전쟁의 폐허에서 일어나 'UN 원조국에서 원조공여국'으로 변모한 우리의 눈부신 성장 이면에는 어두운 그림자가 있다. 무한경쟁 사회에서 살아남기 위해 우리는 너무 많은 것을 포기해야 했다. 그중 하나가 바로 '가족과의 시간'이었다.

"아빠, 요즘 MZ세대가 뭔지 알아?", "그게 뭔데?", "아, 설명하기 복잡해…."

이런 대화 후 양쪽 모두 허탈감을 느낀다. 아날로그 시대를 살아온 부모는 대면 소통과 정서적 교감을 중시하지만, 디지털 네이티브인 자녀들은 짧고 빠른 소통에 익숙하다. 부모의 조언은 자칫 '꼰대질'로 치부되고, 자녀의 디지털 문화와 사용하는 용어는 부모에게 외계어처럼 느껴진다.

결국 아이들은 고민이 생겨도 부모가 아닌 인터넷 커뮤니티나 AI 챗봇을 찾는다. 부모는 자녀가 무엇을 생각하는지 모르겠다고 한숨짓고 자녀는 부모가 자신을 이해하지 못한다고 문을 걸어 잠근다. 스마트폰에 저장할 앱을 다운로드하는 것을 자녀에게 부탁하는 것도 부담스러워하는 부모도 있다. 그런 것도 못하냐는 핀잔을 감수해야 하므로.

우리는 분명 더 잘살게 됐다. 하지만 정신적 여유는 오히려 줄어들었다. 아이러니하게도 물질적 풍요가 오히려 가족 관계를 삭막하게 만들고 있다. 타인과 비교하며 자신의 처지를 원망하거나, 경제력으로만 사람을 판단하는 풍조가 팽배하다. 어쩌면 이는 성과와 스펙만을 강조해 온 기성세대가 만들어낸 자화상일지도 모른다.

이 현상을 타파하는 방법은 뭘까? 거창한 교육 개혁이나 사회 제도 변화를 기다릴 필요는 없다. 작은 변화부터 시작하면 어떨까. 예를 들어 저녁 식사 시간만이라도 온 가족이 휴대폰을 거실 바구니에 넣고 대화에 집중해 보는 것이다. 처음엔 어색하겠지만, 점차 익숙해질 것이다.

특히 요즘 같은 AI 시대에는 아날로그 부모 세대도 무관심으로 일관할 것이 아니라, 대화의 공통분모를 찾는다는 마음으로 새로운 기술에 관심을 가져볼 필요가 있다. "ChatGPT로 유럽 여행 일정 부탁했더니 정말 근사하게 짜주더라. 너희들은 사용법이 훨씬 앞서 있을 테니 틈나면 더 잘 활용하는 요령도 가르쳐 달라"라고 말한다면, 자녀들은 오히려 신나서 자신만의 노하우를 알려줄 것이다.

부모가 완벽하게 이해할 필요는 없다. 다만 자녀의 관심사에 진짜 관심을 보이는 것만으로도 충분하다. "요즘 뭐가 재밌어?" 대신 "네가 좋아하는 그 게임, 나도 한번 해볼 수 있을까?", "AI로 숙제 도움받는다던데, 어떻게 하는 거야?"라고 물어보는 것이다. 부모가 먼저 자녀의 세계에 한발 다가가는 것이다.

또한 설거지, 빨래 개기, 동네 산책처럼 소소한 일을 함께 하며 자연스럽게 대화가 이어지도록 하고, "그건 아니야"라는 말 대신 "그래서 네 기분이 어땠어?"라고 물어보는 것이다. 아이들은 조언보다 공감을 원한다는 것을 기억해야 한다.

가정은 작은 우주다. 이 안에서 우리는 사랑을 배우고, 삶의 지혜를 터득하며, 인간다움을 키워간다. 갈등과 불화도 있지만 그 속에서 성장한다. 디지털 시대라고 해서 가족의 본질이 바뀌는 것은 아니다. 형태는 달라졌을지언정, 서로를 이해하고 사랑하려는 마음만 있다면 얼마든지 소통할 수 있다.

중요한 것은 서로 다른 세대가 서로 다른 언어를 쓴다는 걸 인정하는 것이다. 그리고 그 다름을 극복하려 노력하는 것이다. 부모는 자녀의 디지털 언어를 배우려 하고, 자녀는 부모의 아날로그 정서를 이해하려 한다면, 13분의 대화는 분명 30분, 1시간으로 늘어날 수 있을 것으로 판단된다.

비 온 뒤가 아니어도 무지개는 볼 수 있다

집이 단순한 잠자리가 아닌 진정한 '집'이 되는 그날까지. 오늘 저녁, 가족과 함께 스마트폰을 내려놓고 대화를 시작해 보는 것은 어떨까? 아니면 오히려 스마트폰을 다 같이 들고 응용 프로그램을 함께 학습하는 시간은 또 어떨까?

"행복한 가정은 모두 비슷하지만, 불행한 가정은 저마다 다른 이유로 불행하다." - 톨스토이

마당비

박 용 호

하늘이 놓아버린 비가
집 마당의 침묵이 된 나를 때린다.

유리창에 튀어 오른 빗방울이
먼저 떨어진 비에 포개짐을 보며

처마에 붙은 하얀 수염 폭포에
어줍잖은 잡념을 씻어 본다.

비는 언제나 해탈한 승려의 모습,
나는 마당에 쏟아지는
비와 사랑에 빠진
천생 방랑자다.

제4장

마음속 둥지 튼 풍광

꿀벌 인생

따스한 봄날 오후, 양봉장 근처를 지나던 발걸음이 멈췄다.
아카시아 꽃 사이로 분주히 오가는 꿀벌들의 윙윙거림이 귓전
을 스쳤다. 한 마리가 꽃 속 깊이 파고들어 몸을 비비며 꽃가루
를 묻히고, 뒷다리에 노란 덩어리를 차곡차곡 쌓아 올리는 모
습을 바라보니 문득 이런 생각이 들었다.

'나는 언제부터 꿀벌처럼 살아왔을까.'

1kg의 꿀을 만들기 위해 꿀벌은 200만 개가 넘는 꽃을 찾아
야 한다. 지구를 서너 바퀴 도는 거리를 날아다녀야 한다. 인생
이라는 꽃밭에서 달콤한 성공을 찾아 끊임없이 날갯짓하는 우
리 모습이 이 작은 생명체의 여정에 겹쳐 보였다.

그런데 이 부지런한 생명체들이 사라지고 있다. 과학자들은

경고한다. 살충제, 기후변화, 전자파…, 인간이 만든 재앙들이 꿀벌을 위협하고 있다고. 유럽에서는 지난 10년간 꿀벌 개체 수의 30%가 줄었다. 상황은 한국도 마찬가지다. 양봉업자도 벌이 줄어 꿀 따기가 힘들다고 한다. 벌에게 좀 더 나은 환경을 만들어 주기 위해 점점 외진 곳이나 산속으로 들어가고 있다.

꿀벌 사회는 철저한 분업체계다. 여왕벌은 번식에만 전념하고, 수벌은 짝짓기만을 위해 존재한다. 요즘 하늘을 나는 드론 Drone이 '수벌'을 뜻하는 것도 그 윙윙거리는 소리 때문이다. 일벌들은 죽을 때까지 쉬지 않고 일한다. 벌집을 짓고, 꿀을 모으고, 로얄젤리를 만들고, 유충을 돌본다. 평생 가족을 위해 헌신하는 우리 부모 세대의 모습이 보인다.

어릴 적 벌통 앞에서 왜글 댄스를 보았다. 태양을 기준으로 먹이가 있는 방향과 거리를 알리는 8자 모양의 춤. 처음엔 기쁨의 춤인 줄 알았지만, 실은 GPS처럼 정확한 정보 전달 시스템이었다. 우리도 그렇게 살지 않았나. 더 나은 일자리, 더 많은 수익이 있는 곳을 서로 알려주며 끝없는 노동의 춤을 추어 왔으니까.

장수말벌의 습격을 당하는 꿀벌들을 본 적이 있다. 10여 마리의 말벌이 벌통을 공격하면 수백 마리의 꿀벌이 무기력하게 당한다. 말벌의 강한 턱에 물리면 몸이 두 동강 난다. 죽창과 활로 조총에 맞서야 했던 동학혁명군 같았다.

꿀벌들은 집단으로 달려들어 말벌을 둘러싸고 날개를 진동시켜 내부 온도를 45도까지 올려 말벌을 죽인다. 하지만 그 과정에서 수많은 동료를 잃는다. 더 안타까운 것은 꿀벌의 최후다. 상대를 공격할 때 침을 쏘는 순간 침에 붙은 내장이 뜯겨나와 죽는다.

노쇠하여 꿀 채취 능력이 떨어지면 벌통 문지기로 밀려나며 조용히 사라진다. 평생 모은 꿀은 자신의 것이 아니다. 겨울이 되면 쓸모없어진 수벌들을 벌집에서 쫓아내기도 한다. 조직의 이익을 위해, 처자식을 위해 청춘을 바치고 별다른 보상도 받지 못한 채 조용히 물러나는 노세대의 모습이 벌 세계와 겹쳐 보인다. 일에 매달려, 실적에 쫓겨, 눈에 벗어나지 않기 위해 자신의 존재까지도 희생했던 일벌레. 당신은 꿀벌이 아니었던가?

양봉장 근처 꽃밭에서 윙윙거리는 벌들을 한참 바라보았다. 한 송이라도 놓칠세라 분주히 몸을 놀리고, 한 방울의 꿀이라도 건지려 꽃 속으로 파고드는 꿀벌의 뒷모습. 다른 꽃으로 가기 위해 뒷걸음쳐 나오는 벌이 근사해 보이면서도 한편으로는 짠하게 느껴지는 이중적 감정이 가슴을 스쳤다.

코로나19는 우리에게 새로운 깨달음을 주었다. 팬데믹 기간 중 곁에 살던 이들이 전염병으로 허무하게 떠나는 장면들을 목격했다. 사람들은 삶의 불확실성을 깨닫고 현재의 행복을 더 소중히 여기기 시작했다. 꿀벌처럼 평생 일만 하다 뒷전으로 밀려날 것이 아니라, 지금 이 순간의 달콤함도 맛보며 살아야 한다는 것을.

디지털 시대를 살아가는 젊은 세대는 우리 이야기를 시대에 뒤떨어진 훈계로 여길지도 모른다. 꿀벌의 춤사위가 얼마나 고단한 것인지 모를 것이다. 이런 외침도 있다. 가끔은 게으른 수벌처럼 로얄젤리도 맛보고, 단 한 번뿐인 인생의 달콤한 순간도 즐기자고. 평생 일만 하며 살지 말고, 우리만의 춤도 춰보자고.

아카시아 꽃밭을 떠나 봄꽃들이 있는 길로 접어드니 꿀벌 한 마리가 석양 속에서 여전히 춤을 추고 있었다. 그 춤이 노동의 언어인지, 삶의 찬가인지 알 수 없었지만, 춤 속에 우리가 놓치고 살아온 무언가에 대한 메시지가 들어 있는 듯했다.

은퇴자의 눈으로 바라보는 꿀벌의 분주함이 지나간 내 모습으로 투영되었다. 쉬지 않고 뛰어야 했던 내가 벌의 모습으로 꽃 속으로 들어가고 있었다. 삶이란 참 얄궂다.

삶과 나비 효과

매서운 겨울바람이 물러가고 따뜻한 봄이 오면 대지는 새로운 생명의 숨결로 깨어난다. 봄에 찾아오는 나비는 봄소식을 전하는 소식꾼이자, 훈풍을 타고 피어난 꽃들이 목을 빼고 기다리는 귀한 손님이다.

산책로 옆에는 개망초, 애기똥풀, 찔레꽃, 별꽃들이 펼쳐져 있고 그 사이로 노랑나비들이 봄바람에 실려 춤을 춘다. 하늘이 내린 황금빛 날개로 꽃들에게 편지를 전달하며 틈틈히 춤사위를 곁들인다. 꽃에서 꽃으로 사랑 소식이 전해진다. 부끄러운 꽃술이 고개를 숙이듯 출렁거리자 당황한 나비가 얼른 날개를 흔들어 중심을 잡는다.

나비도 더 좋아하는 꽃에게 먼저 황금 편지를 주기 위해 때로는 홀로, 때로는 두세 마리가 짝을 이루어 몰려든다. 잠시 머물다가 각각 흩어져 하늘로 날아오르는 모습은 아름다운 풍경화다.

한국에는 약 240여 종의 나비가 살고 있다. 배추흰나비, 호랑나비, 노랑나비, 산제비나비 등등. 각자의 색으로 계절의 캔버스를 채색한다. 봄볕을 온몸으로 받으며 날아가는 나비를 보고 있노라면 가슴 한편에 잠들어 있던 방랑의 꿈이 깨어난다. 공상에 빠져 정처 없이 날고 싶었던 어린 시절, 손을 뻗쳐가며 잡힐 듯 잡히지 않는 나비를 쫓다가 지치면 모래를 한 줌 집어 던지곤 했다.

그런 짓궂음이 이제는 나비들의 우아한 비행을 조용히 바라보는 경이로움으로 변했다. 나비를 쫓았던 시간에서 나비를 지켜보며 상상하는 시간으로 옮겨와 있다. 아이였을 때는 잡고 싶었는데, 어른이 되어서는 그저 바라보는 것만으로도 충분하다는 걸 깨달았다.

나비는 알에서 애벌레, 번데기를 거쳐 나비가 되기까지 각 단계에서 2~4주의 시간을 인내해 왔지만, 나비로서의 생은 대부분 4주 이내로 짧다. 빛이 없는 땅속에서 긴 시간을 보내고 유리구슬처럼 잠깐 반짝이는 생을 살다가 다음 세대를 위한 본능적인 소명을 다하고 떠나는 것이 그들의 운명이다.

나비는 자신의 짧은 생애가 우주의 시간 속에서 얼마나 찰나인지 모른 채 오직 현재만을 살아간다. 꽃과 꽃 사이를 날며 꿀을 찾고 새로운 생명을 잉태하기 위해 쉼 없이 날갯짓한다. 그들에게 주어진 시간을 온전히 살아내는 모습은 깊은 울림을 준다.

우리도 마찬가지 아닐까. 우주의 시간으로 보면 인간의 삶도 나비만큼이나 짧다. 하지만 그 짧은 시간 안에 얼마나 많은 사랑과 기쁨, 아픔과 성장이 담겨 있는가. 나비의 삶은 우리에게 '지금 이 순간'의 소중함을 일깨워주는 철학이 된다.

에드워드 노턴 로렌즈의 '나비 효과Butterfly Effect'는 미세한 날갯짓이 거대한 변화를 만들어낼 수 있다는 것을 보여준다. 브라질의 한 나비가 일으킨 바람의 흐름이 지구 반대편 텍사스의 토네이도가 되는 것처럼, 우리의 사소한 선택과 행동도 예측할 수 없는 큰 변화의 씨앗이 된다. 상상이 현실화되듯이.

2023년 말, 나의 한 가지 결정이 신기할 정도의 나비 효과를 가져왔다. 떠밀리듯 글쓰기 동아리에 들어가 엉겁결에 자전에세이 『뜨겁게 전진하고 쿨하게 돌아서라』를 출간했다. 발을 딛은 김에 글쓰는 텃밭을 가꾼다는 심정으로 블로그를 시작했다.

기적이 일어났다. 블로그에 올린 '그리운 사람을 찾습니다'라는 글을 통해 52년 만에 중학교 음악 선생님과 재회하는 감격을 맛보았다. 얼마 전에는 군시절 부하 사병이 우연히 내 책을 읽고서 약 44년 만에 연락을 해와 서로 그리운 목소리를 듣게 되었다. 초봄의 나비처럼 서툴게 시작한 퍼득거림이 오랫동안 그리웠던 사람을 만나게 해주었다.

우리의 일상도 나비의 날갯짓처럼 순간순간의 결정들로 이루어져 있다는 것을 더욱 깨달았다. 매 순간 내리는 선택들이 어떤 결과를 가져올지 알 수 없지만 우리 삶에 알게 모르게 영향을 주고 의미를 부여한다. 예측할 수 없는 변화 속에서 피어나는 우연한 행복, 그것이야말로 삶이 우리에게 주는 가장 큰 선물이 아닐까.

숲을 나서며 만난 호랑나비는 잠시 내 어깨에 앉았다가 다시 하늘로 날아갔다. 걸음을 멈추고 나비가 날아간 방향을 쳐다보았으나 벌써 보이지 않았다. 나비는 여전히 내 마음 속 깊은 곳에서 찰나와 영원을 오가며 날갯짓하고 있다. 그리고 그 작은 날갯짓이 내 삶에 또 어떤 놀라운 변화를 가져다줄지 기대하며 산을 내려왔다. 나비를 보내고 집으로 향하는 나의 등을 비추던 눈부신 햇살이 집 앞까지 따라왔다.

비 온 뒤가 아니어도 무지개는 볼 수 있다

물까치가 전하는 봄

예년보다 더 짧게 느껴지는 봄날의 여운을 붙잡고 싶어 마을 뒷산을 찾았다. 꽃잎이 지기 전에, 새싹이 굳어지기 전에, 이 계절의 온기를 조금이라도 더 느끼고 싶어서였다.

산책길에서 만난 물까치는 예상치 못한 불청객이었다. 무슨 생각에 잠겨 갈참나무 밑을 지나가는데 느닷없이 울음소리와 함께 날아와 내 머리카락을 후비고 지나갔다. 놀라 쳐다보니 같은 무리 4~5마리가 나무에 모여 힘차게 울고 있었다. 어린아이를 지키려는 부모들처럼 날카로운 시선으로 또 다른 공격을 준비하고 있었다.

그들의 소란은 문득 어린 시절의 기억을 떠올리게 했다. 초등학교 시절, 어른들이 농사일로 모두 들에 나가시고 혼자 남

은 집에서 호기심 많던 나는 전에 봐두었던 까치집을 들여다
보기로 했다.

위험스럽게 나무를 타고 올라가 둥지에 다가갔는데, 가녀린
가지에 올라설 때마다 봄바람에 나뭇가지가 휘청거렸다. 마치
계곡 위 외줄타기를 하는 듯한 아찔함이 온몸을 감쌌다. 자칫
손을 놓치면 몇 미터 아래로 추락할 것 같은 공포가 엄습했지
만, 어린 호기심은 두려움보다 강렬했다.

어느 순간 까치 한 쌍이 나타나 내 등과 머리를 번갈아 쪼아
댔다. 그럼에도 어린 마음은 둥지로 향하고 있었다. 고개를 빼
어들어 둥지 안을 보니 갓 부화하여 잔털이 조금 난 새끼들이
입을 벌리고 소리를 냈다. 깃털이 나기 전의 모습이라 다소 징
그럽다는 생각이 들었지만, 생명의 신비로움이 더 크게 다가왔
다. 어미 새들의 공격이 훨씬 거세져서 한 번 보고는 얼른 내
려왔다.

오늘 만난 물까치와 어릴 적 자주 접했던 까치 사이에는 근본
적인 차이가 있다. 까치는 사람들에게 비교적 친근한 새다. 검
은 머리와 등, 흰 배와 어깨의 대비가 선명하고, 〈까치 까치 설
날은〉이라는 동요의 주인공으로도 등장한다.

반면 물까치는 까치보다 몸집이 작고 갈색 빛깔이 도는 등과
긴 꼬리가 특징이다. 이름은 물가에서 살아서가 아니라 깃털

색깔이 물과 유사한 회청색을 띠어 붙여진 것이다. 울음소리도 까치의 맑은 소리와 달리 허스키하고 다소 불쾌하게 들린다.

재능이 있는 물까치는 사람이 가르치지 않았는데도 "안녕"이라는 인사말과 "야옹야옹" 같은 고양이 소리를 흉내 낸다고 한다. 구관조나 앵무새, 까마귀처럼 모방 능력을 보이는 새 중 하나다.

물까치들이 무리를 지어 산책객을 위협한 것은 산란기나 새끼를 키우는 시기에 새끼를 보호하려는 강한 본능의 표현이다. "세상의 모든 어머니는 자신의 아이를 위해 전사가 된다"라는 말처럼 말이다.

암탉도 새끼 병아리를 거느릴 때 주변의 접근자를 사정없이 공격한다. 어렸을 적 마당에 모여 있는 병아리를 거느린 암탉이 무서워 피했던 기억이 새삼 떠오른다.

그러고 보니 까치든 물까치든 그들에게 봄은 새끼를 낳고 기르는 신성한 계절이다. 생명을 이어가는 치열한 계절이다. 사람들에게 봄이 생명의 소생과 에너지를 주는 계절이라면, 새들에게는 종족 보존의 절박함이 깃든 계절이다. 그래서 더욱 격렬하고 간절하다.

문득 물까치의 거친 외침이 다르게 들렸다. 그들도 나처럼 봄날이 너무 빨리 지나가는 것을 안타까워하는 것은 아닐까. 새끼를 기르기에 시간이 모자라다고, 좀 더 천천히 가달라고 하늘에 호소하는 것은 아닐까. 그렇다면 거칠고 친근감 없어 보이는 물까치도 봄을 붙잡는데 일조하고 있는 셈이다.

가는 봄날이 아쉬워 산에 올랐는데, 뜻밖에 어린 시절의 기억을 불러내는 물까치. 순한 까치와는 달리 거친 인상을 확실히 심어주어 자연스럽게 경계심이 생겼지만, 그들의 치열한 삶을 이해하고 나니 외려 동질감도 생겼다.

인생의 봄날도 계절의 봄날처럼 빨리 간다. 열아홉 시절이 황혼 속에 슬퍼지듯, 우리의 청춘도 어느새 뜬구름처럼 흘러간다. 물까치의 외침이 줄어드는 순간 봄도 저만치 가고 없을 것이다. 그래서 더욱 간절하다. 상쾌한 봄 아침의 기운이, 그리고 우리 인생의 봄날이 조금 더 오래 머물기를 조용히 소망해 본다.

새가 날면 따라 웃고 새가 울면 따라 울던 그 시절로 돌아갈 수는 없지만, 이 숲속 깊이 들어온 봄날이 늑장이라도 부렸으면 좋겠다. 산길을 따라 내려오는 등 뒤에 까치집을 향해 나무를 타고 올라가던 어린이가 꼭 붙어 있었다. 때마침 바람이 불어와 숲 나뭇가지를 흔들었다. 어린이의 후들거리는 다리를 잡아주며 추억과 교감 하는 사이에 고향의 봄이 통째로 가슴으로 들어왔다.

비 온 뒤가 아니어도 무지개는 볼 수 있다

여름에 우는 손님

한여름 나무 그늘에서 듣는 매미 소리는 추억 속에 깊이 새겨진 계절의 음악이다. 한 마리가 울음을 시작하면 거의 동시에 주변 나무 전체에서 합창이 시작된다. 어린 시절 매미를 잡겠다고 나무를 타고 살금살금 올라가면, 매미는 위험을 감지하고 빠른 박자의 노래로 바꾼다. 위험이 코앞에 닥치면 노래를 끊고 도망친다.

가끔 낮잠을 자는 매미는 사람의 접근을 눈치 못 채 잡힌다. 손에 잡히면 투명한 날개를 바삐 퍼덕이고 배 아랫부분의 울림통이 진동한다. 양 손바닥 안에 공간을 만들어 매미를 감싸면 날개, 울림통, 발가락이 동시에 움직이며 손바닥을 간지럽게 한다. 오래 가지고 놀려고 몸통에 실을 감아 연 날리듯 조정하기도 했던 개구쟁이였다.

매미의 삶은 마치 한 편의 장대한 서사시다. 작은 알에서 시작된 생명은 땅속 깊은 어둠 속에서 긴 인내의 시간을 보낸다. 매미 종류에 따라 2년에서 7년이라는 긴 시간을 유충으로, 오직 나무뿌리의 수액을 마시며 끈기 있게 기다린다.

북미의 십칠년매미Magicicada septendecim는 정확히 17년 주기로 땅속에서 유충 생활을 한다고 하니, 자연의 섭리는 쉽게 이해할 수 있는 것이 아니다.

세상 밖으로 나오려는 그들의 기다림은 마치 예술가가 자신의 대작을 위해 준비하는 시간과도 같다. 땅의 온도가 18도 정도를 넘어설 때 매미들은 새로운 삶을 향한 여정을 시작한다. 허물을 벗고 성충이 되어 하늘로 날아오르는 순간, 그들의 삶은 비로소 완성된다. 지상에 올라와서 성충이 된 후에는 2~3주 동안 번식 활동을 하다가 짧은 생애를 마친다.

매미는 넓은 시야를 가진 복안으로 그림자나 빠른 움직임을 포착하고, 청각도 어느 정도 발달되어 있다. 매미 스스로 자기 소리를 들으면 시끄럽지 않을까 싶다. 입 부분에는 수액에 찔러넣는 침 모양의 빨대가 있어 영양을 섭취한다.

한국에만 약 15종 정도의 매미가 서식하는데, 많이 접하는 종류로는 말매미, 참매미, 유지매미, 애매미, 털매미 등이 있다. 하루 중 가장 많은 시간을 우는 매미는 털매미라고 한다. 매미의 생김새는 서식하는 지역에 따라 다양한 모습을 보인다. 한국의 매미는 날렵하고 우아한 체형에 맑은 울음소리를 내는 반면, 열대 지역의 매미들은 더 크고 강건한 체격에서 나오는 소리도 크지만 리듬감이 우리 매미와 다르다.

각 지역의 기후와 환경에 적응하며 진화해 온 결과로 저마다의 독특한 특징을 가지고 있다. 몇 해 전 중국 여행지에서 들은 매미 소리는 완전 소음에 가까웠다. 우는 소리에 리듬감이 없이 목청만 커서 숲속의 평화를 방해하는 느낌이었다.

한국 매미 중 소리가 크기로 알려진 말매미는 대략 80~90데시벨dB로 지나가는 대형트럭 소음 수준이다. 떼창이라도 하면 들리는 소음은 대략 100~110dB에 가깝다. 사람들이 정말 시끄러워 미치겠다고 푸념할 만도 하다.

매미 중 우는 매미는 울림통이 달린 수컷이다. 암컷은 알을 낳아야 하기에 산란 기관이 붙어 있어 울지 못한다. 여름에 매미가 귀가 아프도록 울어대는 이유는 단 한 가지다. 짝짓기를 위해서 암컷을 부르는 소리다. 좋은 소리를 내기 위해 수컷은 울림통을 크게 하는 쪽으로 계속 진화한다.

유충 때는 땅을 파면서 토양에 공기를 공급하여 식물이 잘 자라도록 일조한다. 상위 포식자인 새와 박쥐, 도마뱀의 먹이가 되기도 하고 때로는 거미줄에 걸려 생을 마감하기도 한다. 유년 시절, 여름 방학 숙제인 곤충 채집에까지 포함되어 희생되었다.

매미 채를 만들어 잡는 친구, 동작이 굼뜬 매미를 손으로 잡는 친구도 있었다. 세상살이 한 달도 안 되는 생명을 마구 희생시켰던 것은 자연의 순환 원리에 무지한 탓이었으리라. 어떤 죽음을 맞이하든 매미는 죽으면 분해되어 흙으로 돌아가 생명의 양분이 된다.

　매미는 단순한 여름 곤충 이상의 의미를 전한다. 그들의 울음소리가 뜸해지면 곧 비가 올 거라는 신호가 된다. 가끔 도회지의 밝은 여름밤 불빛에 속아서 낮으로 착각하여 날다가 유리창에 부딪혀 죽기도 하고, 아무런 양분도 없는 아파트 콘크리트에 붙어 울다가 비정한 주인을 만나면 쫓기기도 한다.

　매미의 속성과 성장사를 이해하지 못한 채 짓궂은 장난이나 생명을 희생시키는 행위를 한 것은 철없던 시절의 아픈 기억이다.

　자연의 윤회 속에 진달래가 피고 지고 철쭉이 뒤를 따른다. 이제 아카시아가 다시 꽃을 피우고 조금 온도가 오르면 매미 소리가 들릴 것이다. 향기에서 소리로, 온도에서 시간으로 자연은 도돌이표 노래를 부른다. 매미는 우리에게 시간의 흐름과 계절의 변화를 알려주는 자연의 시계다.

　긴 기다림 끝에 맞이하는 환희의 순간, 그것이 매미의 삶이다. 자신만의 노래를 부르며 자연의 순환 속에서 완전한 하나

비 온 뒤가 아니어도 무지개는 볼 수 있다

의 생을 살아내는 매미는 우리에게 삶의 순환과 자연의 섭리를 알려주는 여름의 스승이다. 봄 나비가 떠난 자리에 매미가 와서 계절을 알린다. 여름 손님의 우는 소리를 들으면 소싯적 나뒹굴던 우산각 정자와 이파리 무성한 느티나무를 기어오르는 예쁜 매미들이 현재를 향해 조심조심 다가오는 것 같다.

싸르르, 시간을 건너는 소리

아침 카톡방에 '입추'라는 메시지가 떴다. 아니, 벌써? 브레이크 없는 세월 앞에서 나는 잠시 멈춰 섰다.

연속된 더위로 달구어진 아파트를 벗어나 해질 무렵 산책길에 나섰다. 아스팔트는 여전히 뜨거웠고, 매미들은 여름의 끝자락을 붙잡으려 애쓰고 있었다. 그런데 어디선가 '싸르르 싸르르', '귀뚜르르 귀뚜르르' 소리가 들려왔다.

가을의 전도사들이 도착한 것이다. 아직 여름이 기승을 부리고 있는데, 마치 내재된 시간표를 보고 나타난 듯 작은 음악가들이 조용히 무대에 올라 리허설을 시작하고 있었다. 생생히 들어볼까 하고 우는 장소로 다가가니 바로 소리가 멎었다. 시원한 가을을 기다리는 마음과 너무 빨리 지나가는 세월에 대한 안타까움이 가슴 경계선에서 부딪혔다.

　타임 머신 같은 기억 필름이 빠르게 후진했다. 생명의 신비를 모른 채 어린 손으로 덮친 귀뚜라미를 플라스틱 통에 넣었다. 통 안에서 점프하다 지쳐 가만히 앉아있던 그 작은 생명을 지켜보다가 하루도 못 견뎌 풀밭에 놓아준 것은 측은함이었을까, 아니면 생명에 대한 막연한 경외감이었을까. 그때는 그들이 무엇을 먹고 사는지, 어떤 먹이를 주어야 하는지, 어떻게 그 애절한 소리를 내는지 몰랐다.

　세월이 흘러 알게 되었다. 그들은 오이, 가지, 사과는 물론이고 작은 곤충까지 가리지 않는 잡식성이라는 걸. 자신의 몸 길이보다 서너 배 긴 더듬이로 세상을 더듬어가며 날렵한 몸매로 위험을 피해 다니는 걸. 그 단정한 몸매와 품격 있는 울음소리 때문에, 나는 그들을 '가을 신사'라고 불러주곤 했다.

　가을 한철, 어둠이 내리면 양쪽 날개를 마찰시켜 애절한 울음소리를 낸다. 추운 겨울이 오기 전, 마지막 사랑을 찾기 위한 절규이자, 자신이 이 세상에 존재했음을 알리는 소리 자국이다.

　가을 신사의 운명도 시시각각으로 변한다. 가을을 알리는 배달부가 이제는 누군가의 단백질 공급원으로 거론되고 있다. 태국에서는 튀김으로, 호주에서는 분말로 만들어 햄버거에 넣는다고 한다. 심지어 애완동물 사료로도 팔린다. 문명이 발달할

수록 우리가 잃어가는 것들이 있다.

그들의 슬픈 운명에 대해서는 몰랐으면 좋겠다. 그저 장독대 밑이나 구석 툇마루에서 울어주던 쓸쓸한 소리가 그립다. 그 소리는 가을을 집 안으로 안내해 주는 길잡이였다.

'싸르르 싸르르' - 쌀쌀한 가을이니 그대 여름은 물러나오.

'귀뚜르르 귀뚜르르' - 어떤 이의 마음을 흔들어 볼까나.

매미는 '맴맴' 그 자리에 맴돌고 싶다고 말하고, 귀뚜라미는 '싸르르' 쌀쌀한 계절이 왔다고 전한다. 곤충들끼리도 이런 대화를 하고 있을지도 모른다. 우리가 모르는 세상에서.

아직 오지 않아야 할 가을이 귀뚜라미를 앞세워 사람들 곁으로 오고 있다. 갈수록 계절의 경계가 흐려지고, 도시화로 그들의 서식지가 사라져가는 현실 속에서도 그들은 여전히 제 할 일을 하고 있다. 가을을 알리고, 사랑을 찾고, 생명을 이어가려 애쓰고 있다.

올해도 어김없이 찾아올 가을 그리고 밤. 나는 귀를 기울일 것이다. 기억 속 그 소리와 지금 이 순간의 울음이 겹쳐지는 순간을 놓치지 않고 잡기 위해, 그리고 가만히 중얼거릴 것이다.

"고마워, 작은 음악가들아. 올해도 가을을 선물해 줘서."

떠나는 여름과 작별 인사도 못 했는데 가을이 오고 있다. 때로는 더위가 긴 꼬리를 늘어놓고 게으름을 피우더라도 시간표

에 걸어둔 가을의 어둠이 올 것이다. 암흑을 틈타 가을 신사
는 작은 울음소리로 계절의 진실을 말할 것이다. 변해가는 세
상 속에서도 변하지 않는 것들이 있다는 것을 외치듯이. 싸르
르, 귀뚜르르!

하얀 겨울, 상고대의 얼굴

2024년의 마지막 일요일, 기대하고 기대하던 민주지산 1,241m을 오르는 날이었다. 며칠 전 혹한과 폭설 예보가 무색하게 하늘은 짙은 청색에서 옅은 하늘색까지 몇 겹의 천연색 지붕을 만들어 하늘을 나는 철새마저도 푸른 물감을 두르는 듯했다. 간간이 지나가는 구름 몇 장도 질세라 찬란한 풍경화의 여백이 되었다.

물한계곡 주차장은 이미 만차였다. 명산다운 면모를 보이듯 관광버스도 여러 대 보였다. 새하얀 눈을 기대하며 달려온 이들의 설렘이 주차장을 가득 메우고 산쪽으로 기운을 뻗치고 있었다.

며칠 전 내린 눈 위에 간밤에 내린 눈이 겹으로 쌓여 깊이가 약 20~50cm. 앞서간 이들이 만들어 놓은 길과 발자국이 없었다면 우리의 신발과 양말은 이미 젖어 발에까지 한기가 왔을 것이다.

정상 약 800m 전부터는 아이젠의 도움을 받았다. 젊은이들의 모습이 유독 많이 보이는 날이었다. 고도가 오를수록 체감온도는 뚝 떨어져 손끝을 시리게 했다. 제법 두터운 스키 장갑을 끼고 갔으나 손은 점점 얼기 시작했다. 이중장갑을 챙긴 친구의 지혜가 부러워지는 순간이었다.

조금 더 걸어가다 평생 잊지 못할 풍광과 마주쳤다. 정상으로 향하는 길목에서 만난 상고대는 겨울 여신이 하얀 목화로 눈부신 겨울꽃을 피게 조화를 부린 듯했다. 사슴뿔을 닮은 상고대는 신비로운 얼음궁전의 문을 연상케 하는 최고의 설경이었다. 태백산과 계방산에서 본 상고대는 이제 희미한 기억이 되어버렸다. 이토록 두텁고 아름다운 상고대라니. 눈 호강하느라 탄성 지르느라 시간 흘러가는 줄 몰랐다.

정상에서 바라본 풍경은 또 다른 차원의 감동을 선사했다. 가야산과 지리산이 손에 잡힐 듯 선명했다. 눈앞의 산맥은 마치 하늘을 품은 거인처럼 당당했고 하얀 외투를 걸친 모습은 한 폭의 수묵화였다. 겨울 철새도 경치에 반해 날갯짓을 멈추고 산맥 품으로 들어올 것 같았다. 도시의 소음과 동떨어진 고요가 찬 공기를 타고 산골짜기까지 치달렸다.

눈의 하얀 피부와 마주하는 지조 높은 소나무, 인간 세상을 감싸는 하늘, 지나가는 바람인 줄 아시오 하며 쌩하게 지나가는 겨울 삭풍까지도 온통 사랑이었다. 차가운 온도는 먼 그대였으나 절경을 만들어 낸 겨울의 눈은 가까운 그대였다.

이런 비경 앞에서 누가 쉽게 발길을 돌릴 수 있으랴. 번져온 행복에 더 취해 보고 싶었다. 당초 계획된 수도산 등산 일정을 바꿔 민주지산 주봉을 모두 밟아보는 것으로 일행과 협의, 석기봉과 삼도봉으로 향했다.

찬 바람에 얼굴이 얼어붙고 자꾸만 콧물이 흘러도 마냥 즐거웠다. 당초 9.7km 코스가 약 15km 코스로 길어졌지만 싫지가 않았다. 때때로 목덜미를 파고들어 온 눈송이의 애교가 잠시 밉다가도 일행의 땀을 식혀준다고 생각을 바꾸니 다시 예뻐졌다.

기쁨은 깊이를 더해 가고 크고 작은 사슴뿔 모양의 상고대 사이로 비치는 하늘빛은 마치 천사의 정원을 보는 듯했다. 하늘 정원을 눈 속에 담고 하늘이 선물로 만들어 준 눈의 정원을 천진난만한 어린애처럼 걸어가고 있었다. 상상은 언제나 청춘이었다.

석기봉에서 뒤돌아본 우리의 발자취는 이미 까마득히 멀어져 있었다. 뽀드득거리는 눈길을 걸으며 어린 시절 등굣길에 마주한 눈 덮인 논길이 불현듯 떠올랐다. 끝없이 펼쳐진 미지의 눈길을 걸어가는 우리의 마음에는 어린 청춘의 숨결이 들락거

비 온 뒤가 아니어도 무지개는 볼 수 있다

리고 있었다. 어릴 적 불렀던 〈파란 마음 하얀 마음〉 동요를 읊
조리며 걷는 산능선은 점점 더 하얀 빛깔을 뿜어냈다.

"우리들 마음에 빛이 있다면/~~/산도 들도 나무도 하얀 눈
으로/~~~~/"

순수했던 그 시절이 너무도 그리워졌다. 돌아갈 수 없으니
더 그리운 것일 게다. 고개를 들어 먼 고향 쪽 하늘을 바라보았
다. 여전히 푸른 색 하늘이 내려다 보며 내 동요를 듣고 있었다.
　전라도와 경상도, 충청도 3도가 만난다고 붙여진 이름인 '삼
도봉'에 이르렀다. 3도 바람끼리 누가 바람이 세나 시합이라
도 하듯이 매서운 찬바람이 쉼 없이 불어와 그 자리에 서 있기
가 힘들었다.
　당일은 낮이 제일 짧다는 동지날. 해는 서산으로 기울어가고
있었지만 마음속에 둥지를 튼 풍광은 차오르는 보름달처럼 오
히려 선명해졌다. 또 어디서 이런 풍경을 다시 접할 수 있을까.
불꺼진 휴양림 숙소에서 하루 행복을 세어보다가 다 세지 못한
채 꿈속으로 들어갔다.

플라타너스의 추억

강원도 사명산 산행을 마치고 서울로 돌아가는 길에 강원도 립화목원을 들렀다. 우리나라에서 자라고 있는 최고령의 플라타너스를 만나기 위해서였다. 이 나무를 양버즘나무라고도 부른다. 나무껍질이 얼룩달룩하게 벗겨지는 모양이 얼굴에 버짐이 핀 모습과 비슷하다고 붙여진 이름이다.

세월의 모진 풍파를 견디고 우뚝 솟아 있는 나무는 120년이 넘은 수령과 6m에 달하는 밑동 둘레, 그리고 30m에 이르는 높이를 자랑했다. 압도적인 위용이 주변을 제압했다. 바라보는 각도에 따라 다른 얼굴을 선보인 나무의 매력에 흠뻑 빠져 보고 또 보았다.

나무를 안고 양팔을 뻗어 몸을 밀착해 보니, 얼룩덜룩 벗겨지는 껍질의 감촉이 마치 끊임없는 진화를 위해 허물을 벗는 생명의 신비로움으로 다가왔다. 주로 하늘을 향해 곧게 뻗어 자라는 다른 플라타너스들과는 달리, 이 나무는 둥그런 몸체를 유지하고 있었다. 세상의 모든 풍파와 역경을 너그럽게 받아들이며 살아온 현자처럼 느껴졌다.

바닥에 떨어진 넓다란 이파리는 세상에 선한 영향력을 전하는 사람의 너른 손길을 연상케 했다. 갑작스럽게 내리는 소나기를 피해 플라타너스 밑으로 달려간 동심, 이파리를 몇 장 겹쳐 머리에 떨어진 빗방울을 가렸던 추억이 겹쳐왔다.

고목 앞에 서니 초등학교 시절의 학교 운동장 담장을 따라 심었던 플라타너스가 떠올랐다. 1학년 때는 십 리 떨어진 본교로 걸어서 다녔다. 동네 형들과 친구들이 그룹을 이루어 움직였다. 등굣길 중간에 위치한 마을의 애들이 시비를 자주 걸고 연필과 지우개 등을 뺏어가기 때문이었다.

이듬해 본교에서 분리된 작은 분교가 생겨 집에서 뛰어나와 몇 분이면 학교에 도착할 수 있었다. 가로 한 줄의 학교 건물과 아직 정비가 덜 된 운동장. 선생님과 학생들은 잘 자라는 플라타너스를 운동장 주변에 심었다. 나무는 몇 년 사이에 내 키를 넘게 자라 성긴 그늘을 만들어 주었다.

하지만 산업화와 이농 현상, 출산률의 하락이라는 거센 물결

속에서 정들었던 추억의 고향 학교는 폐교의 운명을 맞이했다. 폐교 소식을 들었을 때의 충격은 지금도 잊을 수 없다. 내 어린 시절의 터전이, 그토록 많은 추억이 서린 곳이 사라진다는 것이 믿어지지 않았다.

한동안 빈 교실과 잡초 가득한 운동장으로 남아 있던 학교는 팔려 사유지가 되었다. 세월이 흐르면서 학교의 흔적은 점점 지워져갔다. 고향에 들러 오가며 봤던 플라타너스도 잘려나가고 뽕나무 밭으로 변했다. 세월의 허망함이여. 나무들이 잘리지 않고 자랐다면 60년 넘는 수령이 되었으리라.

잠깐의 회상에서 벗어나, 국내외 여행 중에도 본 적이 없는 여기 고목의 웅장함에 매료되어 나무 몸통을 만지며 몇 바퀴를 돌았다. 불교의 경전을 넣은 윤장대를 도는 기분으로. 한때 가로수와 정원수로 각광을 받았던 나무는 천덕꾸러기 취급을 받았다.

목재로서의 쓰임새도 적고 알레르기를 유발하는 꽃가루 문제로 외면받기 시작하였다. 가을에 떨어지는 낙엽도 환경 미화원들에게 커다란 부담을 주었다. 도시에서는 더 관리하기 쉬운 나무들로 교체되고 있었다. 하지만 이 고목은 그런 세상의 변화와 무관하게 묵묵히 자리를 지키고 있었다.

플라타너스의 꽃말이 '천재'라는 것을 어디선가 들은 기억이 났다. 그리스 철학자 플라톤이 플라타너스 아래서 제자들을 가르쳤다는 이야기도 떠올랐다. 소크라테스 역시 플라타너스 그늘에서 대화를 나누며 진리를 탐구했다고 했다. 서양에서는 지혜와 학문의 상징으로 여겨지는 나무가 우리나라에서는 단순히 가로수나 조경수 정도로만 인식된 것은 다소 아쉬운 대목이다.

세계적으로 가장 오래 산 플라타너스가 약 400년이라고 하니 생명력에 대한 경외심이 들었다. 이 나무가 그 기록에 도전할 수 있을까? 앞으로 280년 이상 더 살 수 있을까? 그때까지 이 땅은, 이 나라는, 이 세상은 어떻게 변해 있을까? 상상만으로도 아득했다.

나무 아래 서서 하늘을 올려다보니 햇살이 잎사귀 사이로 스며들며 신비로운 빛의 무늬를 만들고 있었다. 바람이 불 때마다 잎들이 바스락거리며 속삭이는 소리가 들렸다. 오랜 세월의 이야기를 들려주는 것처럼. 잠시 눈을 감고 귀를 기울였다.

어린 시절 교정의 플라타너스 밑으로 몰려가 친구들과 장난치던 일, 누구의 집에서 사는지 모를 집비둘기가 목을 끄덕거리며 그늘로 다가오던 모습, 내리치는 비에 부딪혀 튀어오르는 맑은 물방울의 토닥거림 등이 장폭의 그림으로 펼쳐지고 그 위로 소리까지 날아와 안겼다.

영험스럽기도 한 고목에 기대어 기념사진을 찍었다. 이왕이면 오래오래 살기를 소망했다. 자리를 옮기며 뒤돌아본 플라타너스는 여전히 당당하게 서 있었다. 사람이 심어 놓은 나무가 먼저 자연으로 돌아가는 사람의 모습을 바라본다. 묵묵히 담담하게. 나무는 심었던 사람의 흔적마저 품고 더 오래 살아갈 것이다.

사라진 학교와 베어진 나무들에 대한 아쉬움도, 변해버린 고향의 학교에 대한 슬픔도, 이 거대한 플라타너스 앞에서는 작은 점으로 느껴졌다. 생명은 개별적으로는 유한하지만 전체적으로는 영원하다는 진리를 깨달으며 발길을 돌렸다.

억겁의 흔적, 구문소

새벽 5시, 창문을 두드리는 가랑비 소리에 잠이 깼다. 열린 창문 사이로 들어오는 싱그러운 공기가 밤새 숨결로 데워진 방 안의 공기를 조심스레 밀어내고 있었다. 마치 오래된 친구가 어깨를 살짝 건드리며 인사하듯, 비는 우리의 아침을 반겼다.

일기예보에는 없었던 비 소식에 일행은 일정상 차질이 생기지 않을까 걱정을 하였다. 여인의 치마폭처럼 하늘하늘 떨어지는 물줄기가 장관이라는 미인폭포를 보기 위해 간단한 우비와 우산으로 무장하고 출발했다.

내비게이션 안내를 따라 도착한 폭포 입구에서 조금 걸어 내려가니 쌓여진 공사용 자재들이 눈에 들어왔다. 폭포 방면으로 가보니 아예 접근이 안 되도록 철문이 잠겨 있었다. 먼발치에서라도 구경해 볼까 하고 다른 루트를 찾아보았으나 미인폭포 접근은 불가했다.

폭포를 관광 포인트로 만들기 위해 폭포 앞에 출렁다리를 개설하는 프로젝트를 진행 중이라는데, 2026년까지가 공사 예정기간이란다. 비를 맞아가며 왔건만 허탕 치고 아쉬운 발길을 돌렸다.

방향을 틀어 황지천과 철암천이 만나 흘러내려 온다는 구문소일명, 뚜루내로 향했다. 세종실록지리지에는 구멍 뚫린 하천이라는 뜻의 '천천穿川'으로 기록되어 있는 이곳은 강이 산을 뚫고 흐른다 하여 '뚜루내'라고도 부른다. 구문소에 다다르자, 시간이라는 거대한 조각가의 작품이 우리 앞에 펼쳐졌다.

낙동강 발원지인 황지연못에서 하루 약 5,000톤의 물이 솟아나와 약 8km를 흘러내려 바위에 큰 구멍을 뚫었다. 약 4억 5천만 년 전 형성된 고생대 오르도비스기 지층에 만들어진 이 구멍은 우리나라에서 유일하게 산을 가로지르는 강이다. 물의 힘만으로 석회암 암벽을 깎아낸 자연 현상이 놀라울 뿐이었다.

비취색 파란 물이 만들어낸 동굴과 그 앞의 깊은 소沼는 마치 지구가 품은 비밀스러운 심장처럼 고동치고 있었다. 바로 옆으로 1937년 일제강점기에 만들어진 차량 통행용 암벽 터널이 물이 뚫어낸 터널과 기묘한 대조를 이루고 있다.

비 온 뒤가 아니어도 무지개는 볼 수 있다

인간이 만든 터널은 기하학적이고 직선적이었지만, 자연이 만든 굴은 생김새부터 머나먼 과거의 소식들을 단단한 바위에 새기고 있어 사연이 끝이 없을 것처럼 보였다. 긴 세월을 따라 대지를 타고 넘으며 물길도 많이 바뀌고 지형도 변했으리라. 눈앞에 펼쳐진 압도적인 위용에 나오는 것은 감탄사뿐이었다.

전설에 의하면, 황지천 백룡과 철암천 청룡이 힘겨루기 싸움을 하였는데 백룡이 산에 구멍을 먼저 내어 승리하였다고 한다. 울퉁불퉁하고 결을 보이는 바위 모습은 헤엄치는 용의 비늘 형상을, 구멍을 향해 내달리는 물은 백룡의 힘찬 몸동작을 보여주는 형상이었다.

마치 기획된 신비감으로 여행객의 발길을 묶어매는 자연의 외침과 자태가 가슴을 뛰게 했다. 이곳에 오기 전까지는 이런 웅장한 비경이 있는 줄은 몰랐다. 조그마한 한반도에 수억 년 전의 숨결이 살아있다니 이 감동을 어찌할꼬.

동굴 앞에서 보는 광경과 동굴 뒤에서 보는 경치가 사뭇 달랐다. 바위 바닥면을 따라 달리는 물은 맑고 하얀 물결무늬 비단이었다. 낙차가 있는 소沼로 떨어지면서 튀어오르는 물줄기는 강물의 심장이었다. 이 장관을 기리기 위해 구문소 지역을 천연기념물 417호로 지정했으리라. '구문소 여기 있소. 날 보러 와요' 하며 속삭이는 소리가 들리는 듯했다.

한국에 형성된 고생대5억 4천만 년 전~2억 5천만 년 전 지역으로, 석회암층에 다양한 퇴적 구조와 생물의 화석이 잘 보존되어 있다. 석회암이라기보다는 어둠 속에서 검붉게 보이는 바위 여러 곳에 화석들이 '아직 여기 남아 있소'하며 손짓하는 것 같았다.

현재까지 이 지역에서 발견된 고생대 화석들은 주로 삼엽충, 완족류두 개의 껍데기를 가진 일종의 조개류, 두족류머리와 다리가 합쳐진 오징어, 문어류, 양치류 등이다. 오래전에 살았던 이 동식물들이 전멸하고 현재는 전혀 다른 메기, 송어, 꺽지 등이 살고 있다. 주변 암석에는 건열, 물결 자국, 소금 흔적 등의 퇴적 구조도 남아 있어 과거 환경의 일면을 상상하게 해준다.

인간의 짧은 생애와 지구의 장구한 시간 사이에서 우리는 무엇일까? 바위틈에서 화석으로 발견된 삼엽충은 약 2억 7천만 년 동안 바다를 지배했다가 사라졌다.

인류가 지구상에 등장한 지는 고작 30만 년. 100세 넘기기도 쉽지 않은 현대인으로서 상상이 안 가는 몇억 년의 흔적을 보고 있노라니 아등바등 아귀다툼하고 살고 있는 현세의 모습이 참으로 덧없어 보였다.

하지만 이 덧없음이 절망이 아니라 깨달음으로 다가왔다. 촛불이 짧기에 더욱 아름답듯, 인생이 찰나이기에 더욱 값지다. 삼엽충은 장구한 기간을 살았지만 사랑을 알았을까? 누군가를 그리워하며 밤을 새워본 적이 있을까?

시간의 길이가 아니라 시간의 깊이가 중요한 것이다. 우리는 짧은 생을 살지만 그 안에 우주를 담을 수 있다. 한 사람의 사랑은 영원을 품고, 어머니의 자장가는 세대를 건너뛰어 전해진다.

영겁의 세월 앞에 우리의 존재는 미미하나 바로 그 유한함이 각 순간의 소중함을 일깨우는 것 같았다. 한참을 머무르며 부질없는 잡념들을 소沼에 던지고 뒤돌아왔다.

구문소의 석회암 층에 새겨진 수억 년의 흔적들은 우리에게 시간의 상대성을 일깨우며, 오늘이라는 시간의 작은 조각을 더욱 겸허히, 더욱 충만하게 살아가는 지혜를 전한다. 물이 바위를 뚫듯 우리도 매일매일 조금씩 우리만의 길을 내어가고 있다.

눈에 들어온 구문소의 풍경이 며칠이 지나도록 뇌리에서 떠나지 않았다. 자연의 신비감과 경외감까지 황지천의 물줄기가 되어 내 마음의 계곡으로 밀려들었다.

백두대간수목원의 보물

가을빛이 완연했던 어느 10월, 친구들과 함께 경북 봉화의 품에 안긴 백두대간수목원을 찾았다. 약 1,570만 평이라는 광활한 대지 위에 펼쳐진 이곳은 2018년 5월 문을 연 아시아 최대 규모의 수목원이다. 우리나라 다섯 곳 국립수목원 중 하나로, 그 웅장한 규모만큼이나 깊이 있는 이야기를 품고 있다.

백두대간白頭大幹이라는 이름부터 흥미롭다. 백두산에서 지리산으로 연결되는 한반도 등뼈 산맥을 이르는 말로, 백두산에서 '백', 지리산의 옛 명칭이던 두륜산에서 '두'를 따서 만든 합성어다. 한반도의 등뼈를 이루는 거대한 산맥의 이름답게, 그 품에 안긴 수목원 또한 한반도 생명의 보고寶庫 역할을 하고 있다.

맑은 산소가 가득한 파란 가을 하늘이 눈이 부실 만큼 찬란

비 온 뒤가 아니어도 무지개는 볼 수 있다

했다. 수목원 곳곳에는 계절의 숨결을 고스란히 담은 정원들이 발걸음을 이끌었다. 하얀 자작나무가 속삭이는 자작나무원, 봄이면 분홍빛 물결이 출렁이는 진달래원, 가을이면 불꽃처럼 타오르는 단풍정원까지.

특히 야생화 언덕에서 만난 작은 꽃들은 까치발로 서서 방문객들을 반기는 듯했다. 말 그대로 자연의 향연이었다. 방문객들의 웃음소리가 나무와 꽃 사이를 뚫고 떠다니는 따스한 오전 한나절이었다.

이곳의 백미는 단연 백두산 호랑이와 씨드볼트다. 모두 쉽게 접할 수 없는 보물들이다. 수목원에는 백두산 호랑이들의 보금자리가 있다. 축구장 여섯 개 크기의 울창한 숲에서 살아가는 여섯 마리의 호랑이는 각자의 이름과 이야기를 간직하고 있다. 2005년생 한청이를 비롯해 우리, 한, 도, 태범, 그리고 2020년생 막내 무궁이까지.

1940년 마지막 포획 이후 자취를 감췄던 한반도의 호랑이는, 1988 서울올림픽을 전후해 미국에서 들여온 시베리아 호랑이 한 쌍을 시작으로 몇 차례의 추가 반입을 통해 새로운 생명의 맥을 이어가고 있다.

수목원에 상주하는 사육사가 정해진 시간표에 따라 호랑이를 밖으로 내보낸다. 시간대가 맞아야 호랑이의 위엄한 자태와 아름다운 백두산 호랑이, 일명 시베리아 호랑이의 털무늬를 볼 수 있다. 우리 일행이 호랑이 사육장에 도착한 지 얼마 안 되어 수호랑이 한 마리가 우리에서 방사장으로 나왔다. 학교 교과서에서 보던 호랑이 모습이라 친근감과 함께 마음이 설레었다.

17년에서 20년의 수명을 지닌 이들은 하루 한 끼, 5~8kg의 고기로 배를 채우며 살아간다. 재미있는 건 사람들이 "호랑이 풀 뜯는 소리"라고 농담처럼 쓰는 말이 실제로 있는 일이라는 점이다.

육식 동물을 잡아먹거나 털이 붙은 고기를 먹은 뒤 소화가 안 될 때면 호랑이들은 실제로 풀을 뜯어 먹고 내용물을 토해낸다고 한다. 나도 가끔 이 말을 사용하곤 했는데, 이제는 함부로 사용하면 안 될 것 같다.

야생에서 호랑이의 활동 반경은 100여 km에 달하는데, 제한된 공간에 갇혀 있어 야생성을 잃지 않도록 월요일마다 하루 금식도 시행하고 있다. 영역 표시를 위해 몇 초 간격으로 오줌을 분수처럼 하늘로 분사하는 수호랑이의 위용이 아주 새로웠다. 계속 오줌을 뿜어내려면 얼마나 큰 오줌보를 가지고 있어야 하는지 궁금하기도 했다.

호랑이들의 이야기만큼이나 이곳에는 또 다른 보물이 숨어 있다. 바로 지하 46m 깊이에 숨겨진 보물창고, 씨드볼트Seed Vault다. 씨드볼트는 노르웨이 스발바르와 이곳 백두대간수목원 단 두 곳에만 있다. 전자는 식량 종자를, 후자는 야생 식물의 종자를 보관하는 것이 특징이다.

130m 길이의 지하 터널 끝 금고 속에는 약 200만 개의 씨앗이 잠들어 있다. 국내종과 외국종이 반반이다. 이곳은 영하 20도, 습도 40%의 항온항습 환경에서 100~200년간 보존이 가능하다. 개인이 위탁한 귀중한 씨앗들도 있다고 하니, 미래 세대를 위한 희망의 저장고라 할 만하다. 혹 해당 식물이 멸종하게 되면 씨드볼트에서 씨앗을 꺼내 재생시키게 하는 중차대한 시설이다. 씨드볼트 내부는 들어갈 수가 없어 유사 구조 전시 샘플로 학습했다.

백두대간의 정기를 따라 1,400km를 잇는 거대한 생명의 띠, 그 한가운데 자리 잡은 수목원은 대간 자생식물의 33%가 서식하는 살아있는 생명의 도서관이다. 봄이면 꽃들의 향연이 펼쳐지고, 여름이면 짙은 녹음이 그늘을 선사하며, 가을이면 오색 단풍이 방문객을 매료시킨다. 아직 보지 못한 계절의 풍경이 자꾸만 궁금해진다.

방문한 날 바로 앞 주에 가을꽃 축제가 있었던 모양이다. 여기저기 아직 남아 있는 화분들이 눈에 띄었다. 축제 기간 중에는 봉화군 거주자들이 각자 재배한 화초를 전시하여 방문객을 즐겁게 한다고 했다. 수목원 확장 작업은 지금도 계속되고 있으니 다시 방문하게 되면 또 다른 자태를 갖춘 모습을 볼 수 있을 것이다.

수목원을 감싸안은 백두대간의 능선들은 마치 거대한 용이 누워있는 듯한 모습이다. 뒷산 능선 형상을 응용해 디자인한 수목원 본건물 지붕이 산과 층을 이루며 친숙미를 더해준다. 수목원 품 안에서 만난 아름다움과 경이로움은 오랫동안 진한 기억으로 머물 것 같다.

이런 국보 같은 공간을 우리에게 선물해 준 인물들의 선견지명에 두 손 들어 박수를 보낸다. 천지天池에 올라 감개무량하게 바라본 민족의 영산靈山, 백두산으로부터 강하고 두꺼운 등뼈로 뻗어내린 대간大幹의 등줄기에 선 기분이 짜릿하면서 뭉클했다.

계절이 바뀐 뒤 다시 한번 방문하고 싶은 넉넉한 수목원이었다. 자연과 인간이 조화롭게 어우러진 이곳에서 생명의 소중함과 우리가 지켜야 할 가치들을 마음 깊이 생각해 보는 뜻깊은 시간이었다. 두 가지 보물을 구경하고 나오는 길에 올려본 백두대간은 등뼈를 감춘 채 한반도의 기준 산맥으로서의 위용을 당당히 뽐내고 있었다.

비 온 뒤가 아니어도 무지개는 볼 수 있다

영험한 계룡산

계룡산은 오를 때마다 다른 신비감을 느낀다. 스무 개가 넘는 산봉우리가 각각의 전설을 품고 있는 듯 보인다. 마지막 단풍이 존재를 알리려는 듯 몸을 흔들었다.

당일 등산은 오랫동안 명상과 기도의 성소로 알려진 신원사에서 시작하여 관음봉과 연천봉을 오르기로 했다. 천황봉이 계룡산의 최고봉이지만 군사시설이 자리 잡고 있어 아쉽게도 오를 수 없다.

산의 이름은 주봉인 천황봉에서 연천봉, 삼불봉으로 이어지는 능선이 마치 닭벼슬을 쓴 용의 모양과 닮았다고 하여 붙여졌다고 한다.

신원사 소속 보광원 주차장에서 발걸음을 떼자마자 산이 지닌 강한 기운이 온몸으로 스며들었다. 늦은 가을임에도 온화한 날씨 덕에 산 아래쪽 단풍이 여전히 곱게 물들어 있었다. 이파리가 떨어져 앙상한 가지에 매달린 빨간 감들은 햇빛에 반사되어 산사山寺를 밝히는 붉은 등불 같았다.

등산로를 따라 만들어진 소나무 터널을 지나며 금빛 햇살이 비춰진 산 능선을 올려다보았다. 산의 유혹이 온몸을 휘감고, 되살아난 영성과 함께 사람과 자연이 이어지는 시간 속으로 들어가고 있었다.

산이 주는 아늑함 속에서 도착한 등운암은 시간이 멈춰있는 듯한 고요한 안식처였다. 이 산의 1300년 역사를 고스란히 간직한 법당 앞에는 계절을 거스른 듯 민들레와 진달래꽃이 피어 있었다. 고개를 숙여 반가운 꽃을 보고 있노라니 익숙한 흙냄새가 풍겼다.

기념 사진을 찍고도 한동안 꽃 옆에 앉아 있었다. 하늘에 흐르는 구름을 올려보니 무념무상無念無想이라는 것이 이런 것 아닌가 하는 생각이 들었다. 천황봉이 정면으로 보이고 연천봉 바로 아래 자리 잡은 이 암자는 하늘과 땅을 잇는 다리 같았다. 다리에 머물러 침묵의 시간을 갖고 나니 마음이 한결 차분해졌다.

자비의 보살, 관음의 이름을 딴 관음봉에 이르니 등산객들이 가득해 명산임을 실감했다. 계룡산은 삼국사기에 따르면 신라

비 온 뒤가 아니어도 무지개는 볼 수 있다

의 오악五嶽 중 서악西嶽으로 받들어지며 제사를 지내는 명산으로 정해졌다고 하니, 이곳의 신성함은 이미 천 년 전부터 인정받았던 것이다.

걸음을 재촉하여 연천봉에 다다르자 산의 강한 에너지가 온몸으로 느껴졌다. 연천봉은 옛날에 도인들이 명상하며 하늘과 땅을 잇는 신성한 장소라 여겼을 만큼, 이성계가 천지신명께 기원하고 한양도읍을 신선께 명 받았다는 기록이 새삼 실감 났다. 봉우리에 서서 사방을 바라보니 그 이유를 알 것 같았다.

누가 썼는지 모르나 "조선은 개국 482년 만에 망하고 새로운 시대가 도래한다"라는 해석하기 어려운 한자 8字가 암각되어 있다. 툭 터진 허공을 가르고 날아온 바람은 오랜 세월의 이야기를 속삭이고, 지나간 왕조들이 계시를 구하고 고요 속에서 안식을 찾았으며, 산을 오른 객客들이 이곳에 매혹되었음을 느낌으로 알 수 있었다.

계룡산의 돌이 하얘지고 육지에 배가 들어오면, 정씨 왕조가 계룡산에 도읍을 정하고 800년을 지속한다는 정감록 이야기는 조선 시대 많은 종교가의 상상력을 자극했다.

전설에 따르면 이성계가 계룡산 남쪽 신도안에 도읍을 정하려고 43개의 초석을 운반했지만, 떡 파는 노파가 나타나 그에게 이곳은 하늘이 정한 정씨의 도읍이고 이씨 도읍은 한양 삼각산이라 일러주었다고 한다. 신도안은 『정감록』이나 풍수도

참설에서 '난을 피하기 가장 좋은 열 곳' 중에 한 곳으로 꼽혀 사람들이 나라 안 곳곳에서 모여들었다.

신원사로 돌아와 중악단中岳壇을 마주했을 때는 마음까지 숙연해졌다. 조선 시대에는 묘향산에 상악단, 계룡산에 중악단, 지리산에 하악단이 있었다고 하는데 현재는 중악단만 남아 있다.

신라 시대 이래의 산신 제단으로 조선 초에는 무학의 현몽으로 태조가 이곳에서 계룡산 산신제를 올렸고, 명성황후도 이곳에 머무르면서 나라의 안녕을 빌었다고 한다. 황후가 거처했던 가옥도 보존되어 있었다. 우리가 방문한 당일에도 수많은 사람들이 신원사와 중악단에 몰려와 소원을 빌고 있었다.

1978년 처음 계룡산에 왔을 때 바위 틈, 조그마한 동굴, 제단 같은 반석이 있는 곳에는 촛불과 제단에 올린 음식 등이 많이 보였고 굿당도 많았다. 산이 지닌 강한 기운이 삶을 변화시킬 힘을 가지고 있다고 믿었던 듯하다. 지금은 국립공원 정화 작업으로 사라졌지만 산 주변 마을엔 여전히 많은 굿당과 점집들이 자리 잡고 있다.

이런 영험한 기운을 감안한 것일까. 산자락에는 대한민국 3군 통합본부인 계룡대가 자리 잡고 있다. 풍수가들의 말에 따르면 선인봉은 청룡이 되고 국사봉은 백호이며 삼불봉은 현무가 되고 대둔산은 주작이라고 한다니, 사신四神이 지키는 완벽한 명당이다. 풍수와 산의 영험한 힘이 어우러져 국민들이 평화롭게 자기 일들을 헤쳐나가는 데 보이지 않는 힘을 발휘해 주기를 빌어본다.

해가 저물어갈 무렵, 걸어 내려왔던 산길을 돌아보니 산 정상과 연결된 능선이 하늘과 맞닿아 한 폭의 그림을 완성하고 있었다. 오늘도 누군가는 이 산에서 간절한 소원을 빌고 신비한 계시라도 받기 위해 찾아올 것이다.

천 년의 세월 동안 쌓인 기도문들이 바위와 나무에 스며들어, 이 산을 더욱 영험한 곳으로 만들어가고 있는지도 모른다. 계룡산은 꿈과 희망이 살아 숨 쉬는 영험한 성지이다. 산을 내려오는 발걸음이 가벼운 것은 몸만이 아니라 마음까지 정화되었기 때문일 것이다.

영험한 산에 와 아무런 소원도 말하지 않고 돌아서는 것이 아쉬웠다. 산 정상을 바라보며 "주변이 잘 되게 해 주소"라는 혼잣말만 던지고 차에 올랐다.

문 열고 들어갔어?

눈이 많이 내려 길이 미끄러운 날
아이와 놀이터 옆을 지나는데
출입 제한 표시의 홍백紅白 비닐 테이프가
쳐있었다.

아이가 보더니
"할아부지, 미끄럼틀 문 닫았어?"
"응, 미끄러지면 아야 하니 문 닫았어"

조금 큰 아이들이 테이프 밑을 통과하여 들어갔다.
가만히 보고 있던 아이가 하는 말
"할아부지, 형아兄가 문 열고 들어갔어?"

-손자 육아 글 중에서-

제5장

시간이 흘러도
변하지 않는, 그 무엇

하늘에서 물구나무서기

해외영업실장을 마지막으로 대기업에서 퇴직하고 중소기업체 영업본부장으로 근무할 때의 일이다. 회사는 규모가 작아 자체적으로 운영하는 해외 지점이나 법인 등 인프라가 없었다. 국내 매출로는 성장에 한계가 있어 해외 고객 개발이 필요한 시점이었다.

극복 방안으로 미국과 유럽에 있는 유망 고객을 상대로 '부품 및 기술 순회 상담회'를 갖기로 내부 결정을 하였다. 팀을 구성하여 각 지역별로 길게는 약 10일 정도의 출장길에 올랐다.

유럽 지역을 중심으로 의욕적으로 일을 벌였지만 당장의 애로사항은 편도 10시간이 넘는 비행기 탑승에 이코노미석을 이용해야 하는 점이었다. 대기업 근무 시와 완전히 다른 환경이었다. 출국할 때는 별 문제가 되지 않았다. 그러나 유럽의 독일, 스웨덴, 핀란드에 소재한 자동차 제조사와 주요 전장 부품 업체를 상대로 연일 미팅에 이동을 지속하는 일정은 체력을 소진시켰다.

비즈니스 상담이 끝난 후 고객과 저녁 식사를 하고 호텔로 돌아와서는 다음 날 이동과 미팅을 준비해야 했다. 가장 힘든 일은 역시 한국과 8시간 이상의 시차였다. 내 생체시계는 완전히 파업 상태였다. 수면 부족과 피로감에 시달렸다.

일정을 마치고 귀국길에 올랐다. 스웨덴에서 프랑크푸르트까지는 독일 국적선을 타고 현지 공항에서 대기하다가 인천공항으로 가는 대한항공을 탑승하는 일정이었다. 하루 비행기 탑승 시간만 거의 13시간여.

지쳐있는 상태에서 이코노미 좌석으로 앉아 온다는 것에 걱정이 많이 되었다. 프랑크푸르트에 도착하자마자 이코노미석을 비즈니스석으로 업그레이드해 볼 생각으로 대한항공 카운터로 달려갔다.

그간 축적된 마일리지도 있어 "혹시 마일리지나 소액을 추가 지불하여 비즈니스석으로 업그레이드가 가능할까요?"라고 물어보았다. 돌아온 대답에 깜짝 놀랐다.

"죄송합니다만, 고객님이 소지하고 있는 티켓이 가장 낮은 등급이라 약 3만 마일리지나 50만 원 이상을 추가 지불하셔야 업그레이드가 가능합니다."

금딱지 붙은 비행기라도 타는 건가? 요구한 대가를 지불하기는 마음이 내키지 않았다. 회사 정책과 총무팀의 일처리에 대해 원망의 마음이 생겼다. 아무리 경비를 아낀다고 해도 설마 그런 티켓을 구매할 줄이야…, 출국할 때도 항공기 내부 맨 뒤쪽 Zone에 자리 배정이 되었는데 이유가 있었던 것이다.

다시 줄을 서 출국 절차를 밟아 탑승을 했다. 혹시나 빈 좌석이 있는지 훑어보았으나 안타깝게도 비행기는 만석이었다. 비행기의 이륙 전부터 눈이 감겼다. 2시간쯤 자고 잠깐 깼으나 다시 졸음을 이기지 못해 연신 고개를 떨구고 자다 깨기를 반복했다. 목이 몹시 뻐근해졌다. 펴진 좌석에 누워 이동하던 시절이 그리웠다. 시계를 보니 앞으로 7시간이나 더 가야 했다.

그런데 이게 웬일? 엉덩이와 허벅지 뒷부분에서 콕콕 찌르는 듯한 통증이 생겨 앉아 있을 수가 없었다. 기압차, 시차, 누적된 피로로 혈액 순환이 잘 안되어 일어난 현상으로 보였다.

어딘가에 눕고 싶은데 마땅한 자리가 없었다. 기내 맨 뒤 공간 복도에서 스쿼트와 마사지, 손 체조 등을 해봐도 별 소용이 없었다. 허벅지 통증은 점점 심해졌다. 여태 비행기를 타면서 이런 경험은 처음이었다.

'혈액 순환을 돕기 위해 다리를 몸보다 높게 들어 올려보고 싶은데 어디서 하지? 사람들이 왕래하는 통로에 누울 수는 없는 노릇이고.'

그때 번뜩 떠올랐다. 'RestroomToilet. 그래 Restroom이야. 쉬는 곳이잖아!' 서둘러 공간이 약간 넓은 칸으로 들어가 신발을 벗었다. 제한된 공간에서 어떻게 발을 들어 올려야 할까 하고 여러 궁리를 했다. 방법이 떠올랐다.

바닥에 두꺼운 티슈를 몇 겹 깔고 양팔을 접어 머리를 얹었다. 그러고는 접혀진 양발을 벽에 대고 웅크린 상체를 서서히 폈다. 양발을 벽면을 따라 어렵게 밀어올린 뒤 양팔과 양손으로 몸을 지탱하여 물구나무를 섰다. 이렇게 고공에서의 물구나무서기가 시작되었다. 통증이 다소 줄어들었다.

그것도 잠시, 팔 힘이 빠져 물구나무를 유지할 수가 없었다. 할 수 없이 어렸을 적 교실 바닥이나 안방에서 해보던 간이 물구나무를 서보기로 했다. 목을 살짝 굽혀 어깨를 바닥에 붙인 채 물구나무를 섰다. 발을 벽에 기대고 상하좌우로 흔들며 약 5~6분 정도, 두 번을 버티니 통증이 가라앉았다.

'내가 지금 뭐하고 있는 거지?' 스스로도 웃음이 났다. 한때는 비즈니스석은 물론이고 운 좋으면 퍼스트클래스로 업그레이드도 받았던 과거가 문득 그리웠다. 변화된 환경에 적응하면서 과거에는 상상도 못 했던 '하늘에서 물구나무서기'를 해 봤다. 환경이 사람을 만들어 간다는 옛말이 허언은 아니었다.

다소 호전된 컨디션으로 앞에 붙어있는 거울을 보며 "야, 너 정말 기발하고 웃긴 놈이다! 그래, 너 스스로를 지켜낸 것이 중요하지 몸이 아픈데 뭔들 못 하겠어. 잘했다"라고 혼잣말을 하며 쓴 미소를 지어봤다.

이제는 은퇴자가 되어 업무상 장거리 출장을 갈 일은 없어졌지만 가족이나 친구와의 장거리 해외여행 일정이 잡히면 그날의 허벅지 통증이 떠오른다. 당시 통증을 이겨내기 위해 시도한 일이긴 하지만 돌이켜 보면 위험천만하기도 했다. 행여 비행기가 기류 변화로 흔들리기라도 했다면….

인생은 참 아이러니하다. 세상을 살다 보면 해가 떴다가 구름이 끼고 안개 터널을 지나면 청명한 하늘이 나타난다. 운도 따라야 한다. 닥쳐온 애로를 극복하려다 이동하는 비행기 Restroom 바닥에서 거꾸로 서 봤다. 모르긴 해도 세계 최초가 아닐까. 그때 깨달았다. 어떤 상황에서든 나를 지켜내는 방법은 반드시 있다는 것을. 비록 그것이 하늘에서 물구나무서기일지라도 말이다.

천지天池의 미소

우리 민족의 뿌리와 겨레의 얼을 간직한 한반도 영산靈山, 백두산과 하늘의 비밀을 간직하고 있는 천지天池를 보는 여행에 나섰다. 살아오는 동안 수없이 부른 애국가의 첫 소절, "동해물과 백두산이 마르고 닳도록".

영화 시작 전 틀어주는 애국가 영상에서, TV 방송 종료 시점의 영상에서, 올림픽 금메달 수여식에서 틀어주는 음악에서 백두산과 천지는 항상 신비로움과 매혹을 선사했다.

애국가를 처음으로 불렀던 초등생이 약 60년 세월을 건너뛴 나이에 백두산을 육안으로 본다는 기대감에 부푼 날이었다. 우리 땅이 아닌 중국 땅을 통해서 올라가야 하는 현실에 마음이 무거웠다.

백두산은 1925년 폭발 이후 쉬고 있는 휴화산이다. 언제 다시 활동을 할지 알 수는 없지만 근래 산 주변에 가벼운 진동이 자주 일어나 100년 주기 폭발이 현실화되는 것 아니냐는 걱정을 하는 사람도 있다.

산의 모습에 대해서도 궁금하나 산이 떠받치고 있는 신비의 천지天池를 볼 수 있느냐가 최대 관심사였다. 고도가 높은 산에 기상이 늘 그렇듯이 수시로 돌변해, 육안으로 보는 것을 장담할 수가 없다. 매시간 희망과 불안이 교차했다. 산 입구에 도착하였을 때 날씨는 화창하고 시계가 선명해 사람들의 기대 심리를 한껏 끌어올렸다.

산길을 따라 북파北坡를 올라가는 버스에서 보는 백두산 허리춤은 기나긴 한민족의 역사를 칭칭 동여맨 형상을 하고 있다가 방문객에게 숨겨둔 이야기 보따리를 조금씩 풀어주는 듯했다.

고도 약 2,150m 지점을 통과하니 거짓말처럼 나무는 자라지 않고 풀과 작은 모양의 노란 야생화만 손님을 맞아 주었다. 온갖 풍파와 혹독한 계절의 냉대를 견디고 고고하게 피운 꽃이었다. 한 번 피기 위해 여러 계절의 시험에 통과하여 이제야 웃는 얼굴을 하고 있었다.

첫날 정상에서 마주한 것은 짙은 안개와 흩뿌리는 비가 만든 하얀 장막뿐이었다. 준비해 간 비옷을 꺼내 입었다. 혹시나 하는 기대감으로 전망대에 올라 보았으나 몇 미터 앞도 안 보이는 암무暗霧로 거의 시계 제로였다. 일행의 어깨가 축 처졌다.

"천지를 못 보고 오는 사람이 천지"라는 우스갯말과 "3대가 덕을 쌓아야 볼 수 있다"라는 천지는 첫 만남에서 냉담한 얼굴을 보여주었다. 온몸으로 날아드는 안개 섞인 빗방울이 야속하기만 했다.

고지대라서 냉기가 스며들어 일행과 함께 잠시 휴게소로 들어가니 많은 사람들이 실망스러운 표정으로 웅성거렸다. 세 번 와서 세 번 모두 헛탕 친 사람도 있었다는데, 첫 시도로 성공을 기대하면 욕심이지 하며 스스로를 위로했다.

천지에 접근하는 동서남북 네 군데 루트는 각 방향 단어에 산비탈 '파坡'를 붙여 부른다. 그중 동파는 북한 땅에 있기에 갈 수가 없고, 나머지 세 군데 중 택이擇二한 곳이 북파와 서파였다.

첫 번째로 올라간 북파는 농무와 함께 사라졌다. 예정된 일정표보다 빨리 하산하여 장백폭포와 백성가원 공원 등을 구경하는 것으로 계획을 바꾸었다. 하나 남은 서파 코스를 앞둔 밤, 호텔 창가를 두드리는 불길한 빗소리가 잠을 설치게 했다.

이른 아침, 서파 코스로 향하는 차창 밖으로 백두산 정상이 보였다. 산허리에 걸쳐진 옅은 안개띠가 또다시 가슴을 철렁하게 했다. 관람객을 안심시키려는 듯 산기슭에는 밝은 태양이 눈부시게 빛나고 있었다. 한반도의 품, 천지가 가슴을 열어줄 거라는 희망을 갖게 했다.

어제의 악몽이여 물러나시오. 1,442 계단 출발점에 서서 흘 긋 천지 쪽을 올려다보고는 발걸음을 뗐다. 가파른 계단을 2인 1조의 가마꾼들이 연로하거나 다리가 불편한 관광객을 태우고 연신 오르내리는 모습이 보였다.

숨이 차서 잠깐 쉬는 시간에 한국말로 "아이고, 힘들어!"라고 내뱉는 중국인 가마꾼의 목소리가 잠시나마 웃음을 주고 긴장 을 풀어주었다. 고도가 높아질수록 수시로 휘몰려 오가는 안개 띠가 천지天池를 감싸는 광경을 보자니 마음은 다시 조여들었다.

거친 숨을 몰아쉬며 천지 정상에 도착하자마자 고개를 쭉 빼 고 호숫물이 보이는지부터 먼저 확인했다. "와! 보인다." 짙푸 르고 잔잔한 천지의 물이 보였다. 약간 뒤처져 따라온 아내에게 천지가 보인다고 소리쳤다. 운명의 여신은 미소를 보내주었다.

물은 정적을 불어온 듯 고요했고 당당한 모습이었다. 세상 어 디 가서 자기 모습 같은 호수를 볼 수 있으랴 하듯. 찾아 오는 자의 모든 시선을 뺏어 돌려주지 않는 카리스마가 흘렀다. 매 순간 살짝 드리우다가 없어지는 얇은 안개의 춤은 몽환적 분위 기를 자아냈다.

하늘과 맞닿은 곳. 날개 달린 마법사가 되어 천지 주변을 떠 돌았다. 북한 땅과의 경계선이 등산로 바로 옆에 있으니 들어

가지 말라는 가이드의 사전 설명에 상관없이 상상 속의 서울 마법사는 경계선을 드나들고 있었다. 이 순간을 위해 얼마나 많은 세월을 기다렸던가. 영상 화면과 사진으로만 보았던 천지와 내 눈 앞에 버티고 있는 천지가 클로즈업되었다. 전율과 함께 가슴이 벅차 올랐다.

둘레가 14.4km에 달하는 거대한 호수는 하늘이 땅에 내려놓은 푸른 거울 같았다. 평균 수심 213m, 최대 수심 384m의 깊이를 품은 채 사계절 내내 수위를 일정하게 유지하는 천지의 모습은 경이로움 그 자체였다. 지하수가 3분의 2를, 빗물이 3분의 1을 채운다는 이 신비로운 천지.

시간을 초월한 영원한 존재처럼 고요히 그 자리를 지키고 있었다. 태고적 전설과 우주의 변화 역사까지도 물속에 담아두고 있는 호수를 향해 내 상상을 밀어넣었다. 비밀스러운 이야기를 끌고 나올 수 있을까 하고. 그간 조마조마했던 불안과 걱정도 순식간에 호수 속으로 흘러 들어갔다.

전설과 신비의 조화에 묶인 발이 떨어지지 않아 먼 구역을 비추는 탐조등처럼 좌우로 시선을 돌려 보았다. 장군봉, 천문봉을 비롯한 16개의 2,000m급 봉우리들은 천지를 감싸는 병풍 모습이었다. 시시각각 변하는 운무는 봉우리들 사이를 유영하면서 새로운 풍경을 연출했다.

비 온 뒤가 아니어도 무지개는 볼 수 있다

평화로운 순간도 잠시, 갑자기 밀려오는 짙은 안개는 잠깐이라도 푸른 거울을 봤으니 서둘러 이곳을 떠나라는 신호가 되었다.

한민족의 영산, 백두산. 백두대간의 시작점이면서 한반도에서 제일 높은 산과 하늘 가까이에 있는 연못, 천지를 육안으로 보았다. 행운의 여신 덕분에 백두 정기白頭 精氣를 받았다는 행복감이 자연에 대한 경외감과 함께 오랫동안 온몸을 감쌌다.

잠깐 수면을 보이고는 금세 안개 장막으로 변하는 자연의 얼굴에서 운이란 얼마나 찰나인지 다시금 느끼게 되었다. 마르지 않을 동해처럼 천지여 영원하길. 결코 닳지 않을 백두산도 다시 볼 때까지 안녕~.

제5장 시간이 흘러도 변하지 않는, 그 무엇

그림자 의전

최고위 인사의 방문에 대응하여 전면에 나서지 않고 뒷선에서 보이지 않게 일이 잘 진행되도록 돕는 의전을 우리끼리 '그림자 의전'이라고 불렀다. 본래 '고위 당직자나 고위 인사의 가까운 거리에서 보좌하는 역할 혹은 여러 상황에서 항상 그림자처럼 따라다니며 필요한 지원을 제공하는 것'을 이르는 말이었다.

독일 프랑크푸르트 법인 주재원으로 근무하던 중간 간부 시절, 그림자 의전을 담당하게 되었다. 최고위 VIP와 고위직 수행원 약 10여 명에게 한식 아침을 제공하는 식사 당번으로 말이다. 낮 활동 시간에는 VIP 그룹이 주로 고객과 식사를 하거나 시내 한식당을 이용하므로 품이 덜 들지만, 아침에 호텔에서 먹을 한식 반찬을 준비하는 과정은 결코 만만치 않았다. 조미료를 넣지 말아야 하고, 짜고 매워서는 절대 안 된다는 주의사항이 수반되었다. 반찬 하나하나가 최고위 VIP의 당일 컨디션에 영향을 줄 수 있다는 부담감이 늘 따라다녔다.

당번이라고 해도 요리 실력이 있는 것이 아니어서 반찬 맛에 대한 평이 좋은 'S 식당'의 도움을 받았고, 일부는 당번이 직접 준비했다. 최고위 VIP가 즐기는 반찬 리스트도 사전에 확보하였다. 두 사람이 한 조로 당번이 지정되어 각자의 일을 처리한 후, 전체 조율은 최고위 VIP의 수행 비서가 맡았다.

반찬 준비는 식당의 저녁 손님들이 다 빠져나간 후부터 시작되었다. 밤 10~11시가 넘어서야 우리가 요구하는 반찬을 만들기 시작하므로 식당 사장과 요리사의 협조가 절대적이었다. 특히 하루 종일 쌓인 극한의 피로감에 시달리는 요리사가 기쁜 마음으로 반찬을 만들도록 분위기를 유도하고 즉각적인 협조를 받는 방법은 사전에 친밀한 관계를 만드는 것이 핵심이었다.

식당 관련 일을 통째로 맡은 나로서는 어떻게든 주방으로 들어가 그들과 농담도 하면서 반찬 요리 과정을 표시 나지 않게 관리감독했다. 반찬 맛이 안 난다고 몰래 조미료를 넣어버리는 행위를 원천 봉쇄할 수도 있었으니 말이다.

밤늦게 마무리된 10여 명 분의 반찬과 그릇들을 차량에 싣고 조심스럽게 호텔방까지 옮기는 일도 품이 많이 들었다. 다음 날 아침 식사 메뉴를 재차 확인하고 몇 시경에 밥솥에 전원을 넣고 국을 데울 것인지 꼼꼼히 챙기고 나면 금세 새벽 2시가 넘었다. 조식 준비를 위해 기상해야 하는 시간이 대략 5시. 수면 시간이 부족했다.

최고위 VIP가 현지에 체류하는 동안에는 나도 같은 호텔에서 잤다. 수행 비서와 함께 최고위 VIP 방과 문 하나 사이로 연결된 옆 방에서 셋이서. 당번의 역할은 단순히 아침 식사를 준비하는 것에 그치지 않았다.

혹시에 대비하여 숙취 해소제는 물론이고, 새벽에 갑자기 찾을지도 모르는 해장용 라면을 끓이기 위한 냄비, 대접, 파, 마늘, 계란 같은 재료까지 빈틈없이 준비해 두었다. 당연히 아침 식사에도 속을 달래주는 시원한 국물이 포함되었다.

최고위 VIP용 밥그릇, 국그릇, 숟가락 세트 등은 별도로 챙겨 사용하였다. 일반 VIP와의 차별화, 최고 VIP에 대한 공경심의 표현이었다. 간혹 TV 사극 드라마를 보다가 왕이 먹는 음식을 준비하는 신하들의 마음가짐과 정성에 눈길이 간다.

긴장 속에서 세심한 준비와 흠결 없는 실행을 시도했던 나의 그림자 의전 시절 기억과 겹친다. 호텔 방의 구조, 의전팀이 자던 방, 준비해 둔 반찬통, 시내 한식당 주인의 얼굴 등이 생생하게 떠오른다. 긴장했던 내 모습도 언뜻 보여 저절로 웃음이 나온다.

아침 준비를 위해 기상하여 생각해 두었던 시나리오에 따라 음식 준비를 시작했다. 일부 수행 VIP까지 우리 방으로 들어와 이런저런 코치를 하였다. 자기들도 식사 분위기가 중요하다는 것을 알고 있기에 하는 행동이지만 당번 입장에서는 매우 정신이 없었다.

가장 조마조마한 순간은 식사가 테이블에 놓이고 최고위 VIP가 첫 국물 맛을 보는 순간이었다. 첫 술을 뜨고 "아, 국물이 시원하다. 맛이 좋다" 등의 멘트가 나오느냐 안 나오느냐가 성공과 실패의 척도가 되었다.

아울러 첫 반찬을 먹고서 너무 짜거나 맵다는 소리 없이 "맛있다. 깔끔하다" 소리가 나오는 것이 또 반절의 성공이었다. 맛있다고 국물을 더 달라는 주문이 떨어졌다. 당번은 속으로 얏호! 동반 VIP들은 함박웃음! 대성공이었다. 온갖 피로가 아침 공기와 함께 날아가 버렸다.

한식을 준비하는 동안 스스로에게 던진 질문은 '왜 맛있는 현지식을 안 먹고 굳이 한식을 먹으려고 할까'였다. 의전 업무를 수행하면서 깨달은 것은, 한국인의 경우 아침을 기분 좋게 속이 편한 음식으로 채우면 당일의 컨디션이 한결 좋아진다는 사실이었다.

입에 맞는 맛있는 음식을 먹고 하루를 시작하는 것과 먹기는 먹었는데 맛을 느끼지 못하는 현지식을 먹는 것은 분명 기분이 다르다. 경우에 따라서는 고객과의 미팅에도 영향을 줄 수 있는 요소이다. 외국 여행을 가서 현지 음식만 먹다가 문득 한식을 먹으면 기분이 좋아지고 든든한 기분이 든 경험도 아마 이와 무관하지 않을 것이다.

여분의 얘기이지만, 의전이 중요한 이유 중 하나는 '시간의 가치 차이'다. 의전을 받는 사람의 1시간과 의전을 행하는 사람의 1시간이 갖는 가치에는 현격한 차이가 있다. 의전받는 사람이 같은 시간에 내리는 중대한 의사결정이 회사와 수많은 직원의 미래에 영향을 미칠 수 있다. 의전이 중요한 이유이다.

시간 가치에 차이가 있다는 것을 이해하면 의전이 힘들다고 불평하거나 불만을 가질 이유가 없어질 것이다. "업무상 실수는 용서받아도 의전에 실패하면 용서받지 못한다"라는 말도 한때 회자되었다.

직장 생활을 하다가 의전 중 작은 실수가 전체 분위기에 악영향을 주고 자칫 당사자의 인사 변동까지 초래된 일도 본 적이 있었다. 의전팀은 항상 어떤 일이 막혔을 때 대안을 생각해 두어야 하고 예상치 못한 상황이 발생할 수도 있음을 감안해야 한다.

실수를 최소화하기 위해 사전에 수차례의 시뮬레이션을 반복한다. 정교한 오케스트라의 리허설처럼 각자의 파트를 완벽히 숙지함은 물론이고, 전체의 흐름도 정확히 이해해야 한다.

그림자 의전 또한 정교한 시계 속 작은 톱니바퀴와도 같다. 외관상 시계침의 동작이 우아해도 톱니바퀴들이 제 역할을 하지 못한다면 시계는 멈추고 말 것이다. 때로는 공식 의전 인원보다 그림자 의전 인원이 더 많은 것도 바로 이런 이유에서다.

보기와 다르게 그림자 의전의 영역은 실로 방대했다. 최고위 VIP가 투숙할 방의 전망, 식탁에 올라갈 생수 브랜드, 과일 접시와 조간신문, 잡지를 챙기는 일까지. 고층 객실까지 이동하는 엘리베이터의 대기 시간을 최소화하여 바로 이동이 가능하도록 조치하는 일도 때로는 수행하였다. 골프 라운딩 중 간식 배달도 척척 해치우고.

그림자 의전의 진정한 가치는 아무도 알아차리지 못하도록 완벽하게 일을 완수하는 데 있다. 너무 많은 의전 인원이 눈에 띄면 의전을 받는 사람에게 마음의 불편을 줄 수 있다. 별이 반짝이는 것이 어둠 때문인 것처럼 그림자 의전은 보이지 않는 곳에서 빛나는 순간을 만들어낸다.

첫 번째 그림자 의전 업무를 무사히 마친 후 뮌헨 지역까지 원정 의전을 갔다. 소중한 경험이었고 이제는 먼 옛날의 추억이 되었다. 당시 오가던 동선상의 거리에서 분주히 움직였던 내 젊음이 화사한 모습으로 웃고 있다.

그리움이 만든 기적

시간의 흐름 속에서 누군가를 그리워하는 것은 인간에게만 있는 감정이다. 특히 자신과 특별한 인연이 있거나 잊지 못할 추억이 있는 사람은 더욱 그립다. 먼 과거의 인연일수록 더 진한 무늬를 남긴다. 자연의 순리일지도 모른다.

나에게도 매우 그리운 사람이 있었다. 중학교 시절 음악 선생님이었다. 고향을 떠나 순천이라는 도회지로 유학 생활을 하던 시절에 만난 선생님은 나의 어린 감성을 일깨워 주고 성악에 눈을 뜨게 해준 소중한 은인이었다.

선생님은 아담한 체구에 강렬한 눈빛이 있었다. 눈이 작은 편이라 웃으면 눈이 잘 안 보일 정도였다. 젊은 몸매를 유지하고 있었고, 발음은 또렷했으며 리더십이 강했다. 그런 선생님이

비 온 뒤가 아니어도 무지개는 볼 수 있다

내게 특별한 애정을 보여주었다.

은근히 음대 진학을 권유할 만큼 내 목소리와 음악성을 인정해 주셨다. 수업 시간에 배울 곡을 내 목소리로 녹음해 학생들에게 들려주기도 했다. 당시 노래를 한다는 친구들도 내 목소리 성량과 옥타브에 미치지 못했다.

선생님의 권유로 '순천 팔마 예술제' 독창 부문에 참가하여 이은상 작사, 현제명 작곡의 〈그 집 앞〉을 불러 우수상을 받았다. 스승의 날에는 음악 선생님들을 대신하여 전교생 앞에서 〈스승의 은혜〉 노래를 지휘하기도 했다.

성악에 대한 발전 가능성을 더 확인한 계기가 되었는지 나에게 피아노를 배우라고 했다. 사실 시골 초등학교에 다니면서 '풍금' 악기를 본 것이 전부인 나로서는 호기심이 있었지만, 당시 부잣집 자제들만 치는 피아노를 배운다는 것이 부담스러웠다.

어느 날 나를 불러 자기 집으로 가서 피아노를 배워보자고 했다. 여자 선생님의 집에 가본다는 생각에 가슴이 두근거렸다. 어디에 살까, 어떤 집일까, 여자들이 사는 방은 어떻게 꾸며져 있을까 등 많은 궁금증이 생겼다.

함께 선생님이 거주하는 집에 갔다. 내 기억으로는 조그마한 단칸방에 피아노가 한 대 놓여 있고 별 살림살이 도구도 많이 보이지 않은 단출한 느낌이었다. 그런데 이상한 점이 하나 있었다. 남자 양복 몇 벌이 걸려 있었다.

나의 사춘기 감정이 작용했는지 모르지만, 여선생님 방에 걸린 남자 양복은 나를 너무 실망시켰다. 선생님에 대한 신비가다 벗겨진 듯 실망감이 엄습했다. 피아노를 배우고 싶은 의욕도 동시에 날아갔다. 이틀 배우고 안 하겠다고 말했다. 그렇게 말하는 내가 미웠는지 그럼 배우지 말자로 결론이 났다.

그러다 중학교 3학년이 되던 해 선생님은 전근을 갔다. 여수에 있는 중학교로 전근되었다는 소식을 끝으로 연락이 끊겼다. 지금처럼 통신이 발달하지 않았던 시절, 정확한 연락처 없이는 서로의 소식을 알 길이 없었다.

그렇게 나의 성악 시대는 끝이 났고, 하던 공부를 열심히 하여 고교 진학하고 대학교 졸업을 마쳤다. 맑고 성량이 좋았던 목청도 한풀 꺾이고 부르는 노래도 트로트 종류가 되었다. 중고교 시절에 노래를 들었던 친구들 중에서는 내가 연예계로 진출할 거라고 예상했다는 이가 제법 있었다.

나이가 들수록 선생님에 대한 그리움은 더욱 짙어졌다. 메마른 대지가 단비를 기다리는 것처럼 간절했다. 이미 80대 중반이 되었을 선생님께서 아직 생존해 계실까. 세상 어딘가에 살아계신다면 그저 건강하기만을 기원했다.

2023년 11월 출간한 나의 자전에세이 『뜨겁고 전진하고 쿨하게 돌아서라』에서 선생님에 대한 그리움을 담았다. 무명작가가 쓴 책이 널리 읽히지 않을 것을 알기에 내가 운영하는 블로그에 "그리운 사람을 찾습니다"라는 글을 올렸다. 간절한 그리움과 함께. 마치 독일의 시인 릴케가 "기다림도 하나의 삶이다"라고 말했듯 기적 같은 만남을 소망하며 기다렸다.

그런데 기적이 일어났다. 우연히 내 블로그를 본 한 여성이 선생님을 알고 있다는 댓글을 남겼다. 선생님과 서울 암사동에 소재한 같은 탁구장에서 운동하고 있다고 했다. 새벽 어둠을 가르며 솟아오르는 태양처럼 희망이 솟구쳤다. 설레는 마음을 진정시키며 받은 연락처로 전화를 걸어 52년 만에 선생님의 목소리를 들을 수 있었다.

전화기 너머로 들려오는 목소리는 그 시절 그대로였다. 첫 질문이 "자네 키가 많이 컸나?"였다. 중학 시절 나의 키가 작았다는 것까지 기억하고 있었다. 특유의 맑고 정확한 발음의 음성은 시간이 멈춘 듯 변함없었고, 그 순간 나는 정말 선생님을 찾았다는 확신이 들었다.

2월의 하얀 눈이 내리는 날, 우리는 마침내 재회했다. 눈이 우리 만남을 축복해 주는 것 같았다. 우리는 만나자마자 온정 가득한 포옹을 하였다. 같은 서울 하늘 아래 살고 있었다. 시간

제5장 시간이 흘러도 변하지 않는, 그 무엇

은 흘렀지만 선생님의 기억 속에 나는 여전히 그 시절의 노래 잘 불렀던 제자로 남아있었다.

나야 선생님을 확실히 기억하고 있지만 긴 세월이 흘렀는데 선생님이 만난 많은 학생 중 어떻게 나를 기억하고 있는지 궁금해 "어떻게 저를 기억하고 계시냐?"라고 물었더니 "자네가 노래를 잘해 독창 대회에 출전시켜 상장을 받았기에 자랑할 겸 교감 선생에게 보고를 했지. 그런데 혼이 났어. 우리 학생이 상장을 받아온 것은 좋은데 이런 대회에 출전시키려면 사전 보고를 했어야 하는데 안 했다는 이유였지"라며, 그래서 나를 확실히 기억한다고 설명했다.

피아노 얘기도 나왔다. 선생님 댁에 걸려있던 남자 양복 때문에 피아노를 포기했다고 너스레를 떨었더니 "그랬구나. 당시에 나는 결혼을 한 상태였어"라고 답변하셔서 한바탕 웃었다.

80대 중반이라는 연세가 믿기지 않을 만큼 정정하신 모습에 놀랐다. 우리는 마치 시간의 벽을 허물어버린 듯 추억을 나누었고, 서로 지나온 삶에 대한 얘기로 시간 가는 줄 몰랐다.

나이가 무색하게 무반주로 들려주신 〈Danny Boy〉 노래는 너무나 감동적이었다. 지금도 혼자 종종 발성 연습을 한다고 했다. 탁구를 즐기고 있다는 얘기에 나도 탁구 라켓과 운동복을 준비해 갔다. 탁구장에서 연습을 같이 하는데 펜홀더인데도 연세에 어울리지 않을 만큼 수비와 공격이 노련해 또 놀랐다. 젊

비 온 뒤가 아니어도 무지개는 볼 수 있다

었을 때는 시합에도 나갔다고 했다.

선생님의 소개로 인사를 나눈 탁구장 회원들은 우리의 52년 만의 재회 소식에 축하와 감동의 말을 아끼지 않았다. 회원 중에서 정년 퇴임한 선생님 출신 두 사람이 있었는데 자기들은 오래된 제자가 찾아온 적이 없다고 부러워하기도 했다.

52년이라는 긴 세월이 한순간에 눈 녹듯 사라졌다. 그 하얀 눈발 속에서 우리는 재회했고, 시간은 그저 스쳐 지나가는 바람일 뿐이었다.

가끔 선생님이 다니는 탁구장에 들러 함께 운동을 한다. 탁구공이 오가는 소리 속에서 문득 깨닫는다. 내가 글을 쓰게 된 것이 얼마만큼의 축복이었는지. 기적까지 몰고 왔으니 말이다.

선생님의 목소리는 여전히 내 마음 깊은 곳에서 울려 퍼지고 있다. 그 시절 부르던 노래는 이제 추억이 되었지만, 선생님께서 심어주신 음악에 대한 사랑은 여전히 내 가슴에서 고동치고 있다.

홀인원, 그 완벽한 순간

내 생애 처음으로, 절대운이라는 것이 따르지 않으면 불가하다는 홀인원을 했다. 그 운이 꿈틀거리기 시작한 곳은 산 중턱에 자리한 초안산 골프 연습장이었다.

골프 연습장에서 볼을 치고 있는데 바로 옆 박스에서 연습하던 사람이 나의 스윙을 유심히 보고 있었다. 그날 따라 공이 불안정하게 날아가 스트레스가 서서히 올라간 즈음, 옆 사람이 실례가 되지 않는다면 원포인트 코칭을 해도 되냐고 물었다. 흔쾌히 부탁했다.

그는 백스윙 정지 지점, 겨드랑이 붙이는 각도, 몸통을 트는 방법, 클럽을 미는 방법 등을 시범을 보이더니 나 혼자 해보라고 했다. 가르쳐 준 대로, 지적해 준 대로 스윙을 했더니 거짓말처럼 방향성과 거리가 좋아졌다. 그 뒤 몇 번 연습장에 가서 폼을 다졌던 터라 게임에 어느 정도 자신감이 생겼다.

지금도 가끔은 스친 인연으로 이름도 모른 채 헤어진 그 사람이 어떻게 지내고 있는지 궁금하다. 그가 건넨 작은 조언 하나가 내 인생에서 가장 기억에 남는 순간을 만드는 씨앗이 되었다.

2013년 11월, 강원도 고성 썬밸리 CC로 향하는 그날 아침이 찾아왔다. 코스로 이동하기 전, 클럽하우스에 간단한 부스를 만들어 라운딩 나가는 골퍼들을 상대로 8,000원짜리 홀인원 보험을 권유하는 사람들을 만났으나 그저 먼 이야기로만 여기고 관심을 주지 않았다.

골퍼라면 누구나 꿈꾸는 홀인원. 하지만 그것은 늘 남의 이야기일 뿐이었다. 프로 골퍼도 홀인원 해보지 못한 사람이 많다고 하지 않은가. 전적으로 운이 작용하는 일이다. 물론 실력이 밑바탕이 되어야 행운도 생기는 것이지만.

그날 아웃 코스로 시작하여 6번홀까지 파 3번, 보기 3번을 기록했다. Par 3 7번홀120m 티박스에 섰다. 라운딩 팀 멤버 간 간단한 내기 게임을 하고 있어 가능한 깃대에 잘 붙여보자고 팔에 힘을 빼고 최대한 부드럽게 샷을 했다.

공이 클럽에 꽉 달라붙은 듯한 느낌과 함께 가벼운 진동이 손

끝으로 전해졌다. 공은 내가 그리던 이상적인 곡선을 그리며 하늘로 솟았다. 그 순간, 시간이 느려지는 듯했다. 공중에 머무르는 공을 바라보며 나는 숨을 멈췄다. 정확히 깃대를 향해 날아간 공이 그린 위에 떨어진 뒤 구르고 또 구르더니… 홀 속으로 사라졌다.

세상이 잠시 정지한 것 같았다. 이내 터져 나온 일행들과 앞 팀의 환호성, 믿을 수 없음과 환희가 뒤섞인 내 심장의 쿵쾅거림. 티박스에서 멤버들과 껴안고 뛰어올랐다. 몸이 가볍게 날으는 듯한 착각이 일었다. 도저히 믿을 수 없는 기적이 눈 앞에서 펼쳐진 느낌, 최고의 순간을 맞이했다. 지금도 그 감격의 순간이 생생하기만 하다.

그 순간부터 특별한 의식이 시작되었다. 캐디는 홀인원이 된 골프공을 정성스레 꺼내 지참하고 다니는 예쁜 복주머니에 담았다. 나는 캐디의 안내에 따라 그린 위에 수건을 펼쳐놓고 홀을 향해 무릎을 꿇고 큰절을 올렸다. 이는 하늘이 내린 행운에 대한 감사의 표현이었다.

아울러 관례대로 캐디에게 지갑 속 현금을 모두 팁으로 건넸다. 골프장에서는 이 특별한 순간을 기념하여 공식 홀인원 증명서를 발행해 주었다. 이런 의식들은 홀인원이라는 순간을 더욱 특별하고 기억에 남게 만들었다.

비 온 뒤가 아니어도 무지개는 볼 수 있다

한국에서는 홀인원을 하면 3년 동안 재수가 좋다는 속설이 있다. 그 후 3년 동안 재수 좋은 일이 있었는지는 잘 모르겠다. 그냥 순방향의 긍정적인 영향력이 있었을 거라고만 생각했다. 홀인원이라는 것은 테크닉과 자연, 운명이 완벽하게 조화를 이룬 성취이다. 수년간의 연습과 노력도 중요하지만, 그 순간의 행운이라는 은총 없이는 불가능한 일이다.

축하 파티는 자연스레 이어졌다. 함께 운동을 했던 동문 멤버들 모두를 상대로 귀경길 저녁 식사를 대접하고 같은 조 멤버들을 별도의 골프장에 다시 한번 초대했다. 홀인원 기념 골프공을 준비해 회사 동료를 비롯해 지인들에게 나눠주었다.

홀인원 보험을 들지 않은 탓에 제법 많은 지출이 추가로 생겼지만 기쁨의 순간을 함께 나누는 것이 진정한 의미였다. 더욱 잊을 수 없는 것은 그날 생애 최고 스코어인 +2를 기록했다는 것이다.

돌이켜 보면 그날은 단순한 골프 스코어 이상의 의미를 남겼다. 인생은 때로 우리가 예상치 못한 방식으로 놀라움을 선사한다는 것을 깨달았다. 일상의 도전에 더 용감하게 맞서게 되었고, 긍정적인 에너지가 넘쳐났다. 우주에서 보낸 미소의 날개에 올라탄 듯.

사람들은 골프가 인생을 닮았다고 말한다. 모든 것을 혼자 풀어가야 한다. 때로는 계획대로 되지 않고, 때로는 뜻밖의 완벽한 순간이 찾아온다.

지금도 서재에는 동료들이 선물한 홀인원패가 놓여있다. 주황색 볼빅 볼이 붙어있는 그 패를 볼 때마다 썬밸리 CC의 7번 홀과 함께 환호성을 지르던 사람들의 함성이 들린다. 시간이 흘러 이제는 골프보다 탁구를 더 즐기게 되었지만 그날의 마법 같은 행운은 여전히 가장 기억에 남는 순간 중의 하나로 남아있다.

그 완벽한 순간은, 지금도 내 삶을 더욱 풍요롭게 만드는 소중한 추억으로서 의미 깊은 자리매김을 하고 있다.

잊혀진 기타와 그리운 선율

모교 대학 가요제 무대. 스포트라이트가 쏟아지는 가운데 통기타를 품에 안고 휘버스의 〈그대로 그렇게〉를 열창했던 그 순간이 영화 장면처럼 선명하게 떠오른다. 한 달여 하숙방 룸메이트에게 배운 몇 가지 코드로 무모한 도전을 했었다. "노래에 비해 기타 실력이 부족한 것이 흠"이라는 심사평이 지금도 귓가에 맴돈다.

그러나 그 무대 위에서 느꼈던 전율, 음악과 하나가 되었던 순간의 기억은 직장 은퇴 후 수년이 흐른 지금까지도 생생히 살아 있다. 통기타는 단순한 악기를 넘어 청춘의 언어였다. 여름밤 바닷가에서 모닥불을 피워놓고 친구들과 어깨를 맞대며 부르던 노래들, 그 속에서 우리는 젊음의 꿈과 사랑을 노래했다.

20여 년 전 어느 날, 집 한구석에서 아들이 쓰다가 그만둔 클라리넷을 발견했다. 먼지 쌓인 케이스를 열자 잊고 지냈던 음악에 대한 열망이 다시 꿈틀거렸다. "음악은 우주의 법칙을 소리로 표현한 것"이라는 피타고라스의 말처럼, 다시 소리를 내고 싶어졌다.

음악 학원에 등록했다. 마우스피스에 입을 대는 순간부터 모든 것이 낯설었다. 아랫니 위에 입술을 대고, 윗니로는 마우스피스를 가볍게 물어야 하며, 입 모양이 조금만 달라져도 소리가 갈라지거나 아예 나오지 않았다. 열일곱 개의 키를 서로 다른 손가락으로 조합해서 누르는 것도 난관이었다.

처음엔 '도' 음 하나를 내는 것도 여러 번 실패했다. 그러나 처음으로 동요의 온전한 음계를 연주했을 때의 감동은 잊을 수 없다. 재미가 있을 즈음 계열사 전근이 생겨 음악적 여정을 중단할 수밖에 없었다. 피아노를 전공했던 아내는 "손재주가 별로 없고 배움이 굼뜨다"라며 나의 의욕에 흠집을 냈지만, 음악에 대한 열망은 타다 남은 불씨처럼 아직도 따뜻하다.

클라리넷은 현재까지 집에 잘 보관되어 있다. 다시 배워보고 싶은 생각도 있으나 가요제를 끝으로 손을 놓은 기타를 더 배우고 싶다. 기타는 손가락으로 현을 튕기며 동시에 노래를 부를 수 있어 좋다. 클라리넷처럼 입 모양을 신경 쓸 필요도 없고, 복잡한 키 조합을 외울 필요도 없다.

비 온 뒤가 아니어도 무지개는 볼 수 있다

코드를 잡는 왼손 손가락에 굳은살이 배기기까지 아픔을 감수해야 하고, 지문이 희미하게 지워질 수도 있지만, 그 모든 것이 오히려 기대된다. 물 위에 비친 달을 잡으려는 것처럼 희미했던 꿈이 이제는 손에 닿을 듯 선명해졌다.

당시 기타를 치는 사람이라면 거의 교본처럼 읊었던 양희은의 〈이루어질 수 없는 사랑〉의 선율이 귓전에 맴돈다.
"너의 침묵에~~ 이루어질 수 없는 사랑."
이제는 구체적인 계획을 세우고 있다. 현재 진행 중인 작은 목표가 마무리되는 3개월 후엔 기타 한 대를 장만하고 기초 레슨을 받을 생각이다.
창가에 앉아 노을이 지는 하늘을 바라보며 기타 선율에 맞춰 애창곡을 부르는 모습을 상상해 본다. 주름진 손이지만 코드를 짚는 손가락에는 젊은 날의 열정이 그대로 살아 있을 것이다. 때로는 고요한 저녁, 공기를 타고 퍼져나가는 기타음이 이웃들에게도 작은 위로가 될지 모른다.
회색빛 머리에 안경을 쓴 채 기타를 안고 노래하는 모습, 그것이야말로 나이듦의 진정한 우아함이 아닐까. 젊음은 열정으로 노래하지만, 시니어는 인생의 깊이로 노래한다. 그 깊이 있는 선율 속에는 살아온 날들의 모든 이야기가 담겨 있을 것이다.

식구들의 가정사에 쫓겨 피아노와 멀어진 아내를 다시 음악 세계로 불러 합주도 해보고 싶다. 연일 온 식구에게 웃음을 선사하는 손자에게도 선율의 감성을 전달해 보고 싶다. 과거 하숙방 책상에 표지가 찢겨 나간 채 뒹굴던 기타 코드가 적힌 노래책이 떠오른다.

허접한 기타 실력이 될지라도 우리의 성장사와 함께해 온 7080 노래를 부르는 순간을 떠올리며 오늘도 부푼 기대로 콧노래를 부른다. 처음에는 나를 위해서, 때가 되면 타인을 위해서도 노래를 부를 수 있을 것이다.

손재주가 조금 둔하긴 하지만 음악을 사랑하는 마음은 변함이 없다. 마음에 담아둔 열정 때문인지 음악의 세계가 나를 자주 소환한다. 목청이라도 트이라고 가끔 방문을 닫고 힘껏 노래도 불러본다. 발성이 예전 같지 않다. 잘하던 고음 처리도 마음대로 안 되어 실망하기도 한다.

그럼에도 도전은 멈추지 않을 것이다. 기타 선율에 노래를 얹어 새로운 조화가 될 때까지 계속 걸어가리라.

젊은 날에는 꿈을 꿨고 중년에는 현실을 살았다. 시니어가 되어서는 그간 피우지 못하고 미뤘던 꿈의 불씨를 꺼내 피워볼 때이다. 그리고 노래하리라.

딩동댕~노란 은행잎이 바람에 날리던 날
딩동댕~대문 우편함에 노란 편지가 왔지

차별, 그리고 공존의 미덕

차별差別. 생각만 해도 기분이 언짢아지는 단어다. 회사 해외 주재원으로 프랑크푸르트에서 근무하던 시절, 명백한 차별을 경험했던 기억은 지금도 생생하다. 1996년 큰딸이 다니던 그룬트슐레Grundschule, 초등학교의 학부모 모임에서였다.

교사와 학부모들이 모여 학급 운영과 수업 환경 개선을 논의하는 자리였다. 처음 참석한 나는 독일 학부모들과 인사를 나누며 친교의 시간을 가졌다. 그런데 유독 나를 무시하는 태도를 보이는 금발의 여성 학부모가 있었다.

그녀는 키가 크고 코가 오똑한 전형적인 독일 여성으로, 정장과 고가의 시계, 목걸이 등으로 보아 부유한 집안 출신으로 보였다. 내가 가벼운 인사를 건넸는데도 못 본 척하며 눈 마주치는 것조차 노골적으로 피했다. 모멸감이 치밀어 올랐지만, 전체 분위기가 썰렁해질까 봐 참았다.

모임 시간 내내 나도 그 여성을 외면하고 다른 학부모들과만 명함을 교환하며 대화를 나누었다. 그 이후 학부모 모임에 더는 참석하지 않았다.

두 번째 경험은 골프장에서였다. 한국인 동료 네 명이 라운딩하고 있었는데, 뒤 조는 두 명으로 구성된 독일인 팀이었다. 당연히 네 명의 플레이 시간이 길어질 수밖에 없었는데, 그들은 바짝 따라붙어 우리가 그린 위에 있는데도 그린을 향해 공을 날리며 빨리 가라고 몇 차례 소리쳤다. 더는 참을 수가 없었다.

"운동의 예절을 모르는 것인가, 아니면 우리가 동양인이라서 차별하는 것인가? 이것은 명백한 디스크리미네이션이다! 신고하겠다!" 영어로 소리치며 인상을 쓰고 두 사람에게 다가섰다.

독일에서는 인종차별이 법적 문제가 된다는 것을 알고 있었다. 재독 한국인들로부터 "독일인과 부당한 이슈로 부딪칠 때는 강하게 나가라"라는 조언을 들었던 터라 단호하게 밀어붙였다. '디스크리미네이션'이라는 말에 그들이 약간 움찔하는 것을 감지하고 "당신들, 어디에 근무하는 사람이냐?"라고 한 술 더 떴다.

안 되겠다 싶었는지 그들은 슬금슬금 우리를 피해 2~3홀을 건너뛰며 도망치듯 사라졌다. 그 사건 이후 특별한 잘못이 없는데도 상대방이 차별적 언사를 하면 가차 없이 맞섰다. 지금 생각하면 쓸쓸하면서도 재미난 에피소드다.

　그 순간들을 뒤돌아보며 문득 넬슨 만델라의 말이 떠올랐다. "누구도 다른 사람을 열등하게 대하도록 태어나지 않았으며, 누구도 다른 사람을 우월하게 대하도록 태어나지 않았다."

　인간은 누구나 존중받고 인정받아야 할 존재다. 빈곤국이나 후진국 출신이라고, 피부색이 다르다고 업신여기는 것은 용납되어서는 안 될 죄악이다.

　해외 영업을 담당하면서 만나는 각국의 거래처, 여행지에서 접하는 세계 각국의 사람들, 한국에 여행 왔거나 거주하는 외국인을 대하면서 나는 사람을 차별해 본 적이 없다.

　대상이 누구든 가족이나 공동체로부터 사랑받는 소중한 존재이기에 예의를 갖추었고, 새롭게 만나는 인연으로 여겼다. 진심으로 대하면 상대도 진심을 알기에 자연히 소통도 잘되었다.

　이제 한국도 다민족이 사는 나라로 변모하고 있다. 베트남, 태국, 필리핀, 중국, 카자흐스탄 등 다양한 국적의 사람들이 한국에 와서 국제결혼을 하거나 취업을 하며 살고 있다. 가끔 외국인 아내를 학대, 폭행하여 뉴스화되거나 이혼에 이른 사례를 접할 때면 안타깝다. 어쨌든 한국 인구의 약 5%가 외국인이고 다문화 가족이 증가하고 있는 추세다.

그들에 대한 편견이 점점 약해지고는 있지만 아직 개선되어야 할 여지가 많다. 이미 우리 사회의 소중한 구성원인 그들이 차별받지 않고 살게 하는 것이 도리다.

한국의 출산율이 가임 여성 1인당 0.7명으로 OECD 국가 중에서도 최하위권이다. 인구 감소가 두드러지고 고령화가 가속화됨에 따라 다문화 가정의 증가는 필연적인 현상으로 보인다.

반가운 소식들도 들린다. 경북 영양군에서는 40명의 미얀마 난민 수용을 결정하고 폐교를 개조하여 거주하게 할 예정이고, 충북 제천에서는 중앙아시아에 거주하는 고려인들을 받아들일 준비를 하고 있다고 한다.

난민들은 혹독한 환경에서 벗어나 희망을 찾고, 고려인들은 조상의 고향으로 돌아와 같은 한민족으로서 새 삶을 시작할 수 있게 된다. 메말라 가는 대지에 촉촉한 단비가 내리는 것 같다.

세상은 매우 빠르게 변하고 있다. 과거의 선진국이 계속 선진국 위상을 유지하느냐는 별개의 문제가 되어가고 있다. AI 물결이 안방까지 밀려들고 있는 마당에 좁은 시야로 세상을 바라보고 행동해서는 바로 뒤처진 나라가 된다.

선진국 문턱을 넘은 한국도 글로벌 안목으로 세상을 대하고 외국인을 대하는 자세가 변해야 한다. 조금 잘 산다고 거드름 피우고 국력이 약한 나라나 민족을 업신여기는 비인도적 태도

비 온 뒤가 아니어도 무지개는 볼 수 있다

는 지양되어야 한다. 세상에 영원한 승자나 강자는 없고 언제나 상황이 역전될 수도 있다. 30여 년 전 사람 차별을 했던 독일인들이 지금도 스스로 우월적 지위에 있다고 할 수 있을까?

정신과 예절이 살아있고 창조적인 사람들이 많은 나라가 강국이 되고 유리한 입장에 선다. 자연 앞에 겸손하듯이 서로 양보하고 공생하는 미덕이 더할 나위 없이 소중해 보이는 요즘이다.

편견을 깬 대륙, 감동을 준 나라

5박 7일의 여정 중 오페라 하우스의 하얀 날개가 석양을 받아 황금빛으로 물들던 순간, 나는 깨달았다. 현직에 있을 때, 업무 출장도 왔던 곳이건만 호주에 대해 내가 알고 있는 것은 지극히 일부라는 것을. 갖고 있던 편견과 무지를 빠르게 털어냈다.

한반도 면적의 36배에 달하는 이 대륙에서 내가 마주한 첫 번째 놀라움은 다른 대륙에서 볼 수 없는 캥거루, 코알라, 태즈매니아 데빌, 웜뱃, 오포섬 같은 유대류들이었다. 그런데 정작 놀라운 것은 동물들 자체가 아니라 그들을 품는 호주인의 자세였다.

야행성 동물들의 안락한 삶을 위해 도시의 네온사인을 규제

하고 야간 조명을 최소화하는 정책을 보며, 나는 문득 생각했다. 우리는 과연 자연과 얼마나 조화롭게 살고 있는가?

찰스 다윈은 말했다. "자연 선택은 필연적으로 각각의 생명체가 그들의 장소에서 완벽해지도록 이끈다."

호주는 이 진화론적 통찰을 증명하듯 독특한 생태계의 천국이 유지되고 있었다.

또 다른 놀라움은 호주의 복지 제도였다. 북유럽의 복지가 좋다고 들어왔지만, 호주의 복지 정책은 경이로웠다. 의료보험료, 의료비, 상속세, 고속도로 사용료, 주차비, 심지어 수영장 사용까지 대부분 무료였다.

더 인상적인 것은 예방 의학에 비중을 두는 철학이었다. 사람들이 아파서 병원에 입원하면 치료 비용이 훨씬 더 든다는 통계적 사실을 바탕으로 한 실용적 정책이었다.

항만의 한 건물에서 본 광경이 잊히지 않는다. 주차장 같은 공간에 차량 대신 작은 요트들이 그어진 선 안에 위치하고 있었다. 호주인의 바다에 대한 사랑과 삶의 여유를 보여주는 한 장면이었다. 영국의 사회학자 앤서니 기든스가 말했듯이, "현대 복지국가의 진정한 성공은 시민들의 일상적 필요를 충족시키는 것에서 시작된다"라는 이 말을 호주는 완벽히 실천하고 있었다.

18세기 영국은 산업혁명의 여파로 급증한 범죄자들을 수용할 감옥이 부족했다. 음식 도둑, 술주정뱅이 같은 경범죄자들까지 가혹한 벌을 적용한 탓에 죄수가 하루가 다르게 늘어나고, 기존 구치소 공간이 부족하자 선박에까지 감금했다. 해결책으로 죄수들을 식민지인 호주로 강제 이주시켜 정착시킨 암울한 역사로 시작했다.

역사의 물레방아는 돌고 돌아 호주는 선진국으로 도약하였다. 국민들의 화합을 위해 원주민들에 대한 과거의 잘못을 인정하고 사과했으며, 그들의 토지 소유권과 문화 보전을 약속했다. 하버 브릿지에 호주 국기와 영국 국기 대신 호주 국기와 원주민 깃발이 나란히 게양된 모습은 진정한 화해와 통합의 의지를 보여주었다. 과오를 인정하고 용서를 구하는 자세, 이것이야말로 어디에서나 박수받을 수 있는 성숙한 태도가 아닐까.

그런 호주가 우리와 맺고 있는 인연 또한 각별했다. 한국전쟁 당시 미국에 이어 두 번째로 유엔군을 파병했던 호주. 가평 싸리제 전투에서 영연방군과 합세하여 중공군과 맞섰던 그 젊은 이들의 희생을 알게 되었다. 아무런 연고도 없는 나라의 전쟁을 위해 이국 땅에 와서 목숨을 바친 그들을 어떻게 잊을 수 있겠는가.

현재는 K-Pop과 한국 문화를 사랑하는 나라가 되었다. 많은 한국인 이민자와 유학생이 활동하고 있으며, 우리와 더욱

비 온 뒤가 아니어도 무지개는 볼 수 있다

가까워지고 있다. 시간이 상처를 치유하고 새로운 인연을 만들어 가고 있다.

국제 무대에서도 호주의 자주정신은 당당했다. AUKUS 조약을 통한 핵잠수함 도입으로 국방력을 강화하고, 한국산 장갑차도 도입하는 자주국방정신. 중국과의 통상 분쟁에서 중국이 호주산 고기 수입을 전면 중지하겠다고 하자, 즉시 호주산 철광석과 석탄 수출을 중단하겠다고 맞선 대국적 자세. 15명의 노벨상 수상자를 배출하고 의료 신약을 계속 개발하며, 2032년 브리즈번 올림픽 개최까지 앞두고 있는 호주의 저력이 부럽기도 했다.

시드니의 저녁 노을이 하버 브릿지를 물들일 때, 나는 확신했다. 이 나라의 미래가 더욱 찬란할 것임을. 호주는 우리에게 많은 것을 가르쳐 준다. 과거의 잘못을 인정하고 바로잡을 수 있는 용기, 모든 시민이 누리는 풍요로운 복지, 그리고 자연과 인간이 조화롭게 공존하는 방법을.

여행은 늘 설렘이자 깨우침이다. 뒤따르는 추억은 삶의 갈증을 풀어주는 옹달샘이 된다. 광활한 대지가 품은 수많은 이야기가 내 안에서 새로운 이상과 희망으로 자라나고 있다. 이번 여행에 가보지 못한 곳이 많아 기회가 생기면 또 가보고 싶은 곳이다.

그리운 슐로스본 Schlossborn

유럽을 떠올리면 항상 그리운 곳이 있다. 우리 가족이 살았던 슐로스본Schlossborn 마을과 그곳의 하얀 집이다. 독일 프랑크푸르트 주재 근무 시절, 이왕 독일 생활을 하는 거라면 진정한 독일의 삶을 경험하고자 전원 마을에 있는 단독주택을 선택했다.

대부분 한국 주재원이 시내나 가까운 위성도시 아파트에 사는 것과 달리, 한국 사람이 살고 있지 않는 숲속 동네로 들어갔다. 가족이 현지어를 학습해야 하는 환경 조성과 층간 소음 논란 방지, 한국 음식 냄새로 일어나는 문화적 갈등을 피하고 싶어서였다.

요즘같이 K-Pop, K-Food가 알려진 있던 시절이 아니어서 한국 음식 냄새에 매우 부정적이었다. 특히 된장, 김치, 마늘이 들어간 음식을 먹고 엘리베이터를 타면 독일인이 코를 막으며 인상을 썼다. 심지어 바로 내리는 사람마저 있었다.

청국장을 먹었다 하면 기절초풍을 한다. 술 안주로 굽는 오징어 냄새를 화장터 냄새라고 극도의 예민 반응을 보였다. 음식 냄새가 난다고 한국 주재원 집 문 앞에 기척도 없이 향수병을 놓고 갔다고 말하는 이도 있었다. 그뿐인가. 건물 안에 음식 냄새가 밴다고 임대를 꺼리는 사람도 있었을 정도였다. 요즘 독일에 거주하는 한국인이라면 이런 대접을 받지 않을 것이다. 잘되고 볼 일이다.

어린아이가 소리치며 뛰면서 나는 소음 문제로 남편이 없는 낮 시간에 덩치도 큰 위아래층 독일인이 문을 두드린다고 생각해 보자. 와서 인상을 쓰고 이해도 안 되는 독일어로 뭐라고 소리치며 삿대질하고 간다. 아이 엄마는 노이로제에, 심한 경우는 우울증까지 겪는 사례도 종종 있었다. 심리적 불안감으로 이사를 간 가정도 제법 보았다.

독일은 유럽에서 동양인에 대한 차별이 가장 심한 나라에 해당된다. 말도 끊고 맺음이 강한 편이라 우리 식으로 '할 거야 말 거야'라는 단어도 자주 쓴다.

처음 한국인 부동산 중개소에 구하는 주택 조건을 줬으나 찾지 못해 독일인 부동산 중개소를 활용하여 마음에 드는 집을 찾았다. 그 집은 동화 속에서 등장할 듯한 언덕 위 하얀색 단독주택이었다. 지하 1층부터 다락방이 있는 3층까지, 아이들이 마음껏 소리치고 피아노와 바이올린을 연주해도 걱정 없는 공간이었다.

잔디가 심어진 정원이 딸려 있었다. 언덕에는 큰 나무들이 자라고 있어 종종 새들이 몰려와 합창을 하였다. 조금 걸어나가면 사방으로 연결되는 숲 산책길이 있었다. 바로 옆에는 맑은 물이 졸졸졸 흐르는 개울과 물이 모여서 만든 크고 작은 연못이 있었다.

뜨거운 여름에도 숲으로 들어가면 금방 에어컨을 쐰 것처럼 시원해졌다. 봄이 되면 한국 민들레보다 훨씬 큰 노란 민들레가 오가는 사람의 마음을 빼앗았다. 슐로스본에서 Schloss는 성城이라는 뜻인데, 이 마을에는 예쁜 중세 시대 성채도 있다.

오가면서 가장 기분 좋은 곳은 마을 진입로였다. 양쪽에 숲을 끼고 경사가 완만한 약 1.2km 직선 내리막길이었다. 매 계절마다 조금씩 다른 모습으로 변하는 이 길을 드라이브하노라면 마치 영화 속 주인공이 된 느낌이었다.

숲에는 사슴이 많이 살아 가끔 도로를 건너다 차량과 충돌하는 사고가 일어나기도 했다. 나도 차를 몰고 밤에 귀가하다가

길을 건너뛰던 사슴 뒷다리와 충돌한 적도 있었다. 차 범퍼와 부딪혀 쿵 소리가 났다. 차에서 내려 사슴을 보니 절름거리며 숲속으로 달아났다. 다행히 차량에도 손상이 없었다. 동물과의 충돌 사고가 일어나 동물이 죽거나 하면 필히 관할 기관에 신고를 해야 벌금을 면한다.

아이들 교육에 관해서는 우리 부부가 특히 신경을 많이 썼다. 두 딸을 국제 영어학교 대신 각각 독일 학교와 독일 유치원을 보냈다. 영어는 어차피 공부해 갈 것이라, 기회 있을 때 제2 외국어 독일을 배우게 할 생각에서였다.

초등학교 2학년 큰딸은 말을 알아듣지 못하는 학교생활에 정신적 충격이 컸다. 초반 애로를 극복하고 나중에는 잘 적응했지만 마음고생을 시켜 미안한 마음이다. 그렇게 하여 회사 업무로 쫓긴 나를 제외하고는 식구들이 모두 독일어를 구사하였다.

독일에 주재하는 동안 우리 집에는 많은 사람이 들렀다. 현지 주재원 가족, 현지인 직원, 본사 출장자 등은 이구동성으로 어떻게 이렇게 아름다운 동네와 집에서 살 생각을 했냐고 부러워했다. 연로하셨던 아버지, 장인과 장모, 친구, 옛날 부하 직원, 아내의 대학 친구 가족이 우리 집에서 지내다 귀국하기도 했다.

종종 단신으로 독일에 파견 근무 나온 엔지니어들을 집에 초대하여 한국 음식과 와인 파티를 열었다. 집 앞 정원의 잔디 밭에서 구워 먹는 삼겹살, 독일 소시지 맛에 즐거워하던 모습들이 지금도 눈에 선하다.

한국 복귀 후 독일 출장을 가게 되면 잠깐 짬을 내어 살던 집을 보러 가곤 했다. 다른 사람이 살고 있지만 그 자리 그대로였다. 우리 가족이 6년여를 살았던 조그마한 언덕 위 하얀 집 앞 어린이 놀이터 벤치에 앉아 깊은 상념에 잠기기도 했다.

먼 옛날 그곳에서 뛰어놀던 어린 두 딸과 그 집에서 태어난 늦둥이 막내가 추던 현란한 춤 동작이 드라마처럼 펼쳐졌다. 변한 세월의 안타까움도 끼어들었다. 나처럼 큰딸도 업무로 독일 출장 갔을 때 슐로스본을 가봤다고 했다. 초등학교 2학년부터 중학교 과정 마칠 때까지 살았던 그곳이 딸도 그리웠던 모양이다.

슐로스본은 내 청춘의 잔불 같은 따스한 추억이 여전히 살아 숨 쉬는 곳이다. 그리움이 겹겹이 쌓인 영혼 속 제2의 고향과 같은 곳이다. 지금도 눈을 감으면 언덕 위의 하얀 집과 둘째 딸의 친구 '카멜라'가 살던 이웃집을 비롯해 만났던 모든 이들의 얼굴이 파노라마처럼 펼쳐진다. 마을 입구에 있는 베이커리에서 갓 구워낸 빵 냄새가 발길을 머물게 하고 독일인이 먹지 않는 알밤이 나뒹구는 마을 길도 떠오른다.

이제는 떠나버려 내 그리움만으로 다 채우지 못하는 보고픈

비 온 뒤가 아니어도 무지개는 볼 수 있다

얼굴들이 슐로스본 거리를 산보하고 하늘에도 떠 있다. 가까
운 곳에 있다면 자주 가보고 싶은, 정이 깊이 든 마을이다. 언
제 다시 슐로스본을 볼 수 있을까. 나의 마음은 종종 그곳에 가
있는데….

모든 사람은 작가가 될 수 있다

"글쓰기는 자신의 영혼을 거울에 비추어보는 일이다"라는 버지니아 울프의 이 말을 떠올리며 오늘도 나는 글을 써간다. 은퇴 후 우연히 글쓰기 모임에 합류하여 조금씩 눈을 뜨면서 내 안의 새로운 자아를 발견하게 되었다. 처음에는 단순히 생각을 정리하는 수준으로 메모장에 끄적거렸을 뿐이었다.

그 소소한 행위가 어느새 삶의 중요한 의미로 자리 잡았다. 10년 넘게 써 온 일기와 강의 내용, 각종 메모들은 지나온 과거의 흔적을 고스란히 남겼고, 그것이 현재와 미래를 바라보며 창조의 세계로 연결하는 징검다리가 되었다.

눈앞에 펼쳐지는 세상 이야기와 밀려오는 생각이나 감정들을 수시로 모바일 메모장이나 수첩에 기록했다. 글쓰기의 시작

비 온 뒤가 아니어도 무지개는 볼 수 있다

이었다. 순서 없이 기록한 글을 틀에 맞게 정리하면서 놀랍게도 마음속 깊은 곳에 숨어있던 이야기들이 하나둘 모습을 드러냈다.

지나간 학창 시절의 추억, 연락이 끊긴 그리운 사람, 조직 속에서의 갈등과 고민, 아이들의 성장과 함께 찾아온 고민들, 등산을 하면서 느끼는 감회, 타인을 용서하는 결정 등등. 이런 조그마한 시도들이 모여 동력을 받아 상상력과 결합되었고, 자전에세이 출간으로 이어졌다. 첫 기록물을 남겼다는 자부심은 이후 블로거로서의 활동에 기폭제가 되었다.

작가는 독자의 피드백에 감사한다. 출간된 책이 누군가에게 도움이 되기를 간절히 바라며 긴 시간 글을 썼기 때문이다. 몇몇의 독자가 내 책을 읽고 보내온 메시지들이 있다.

"당신의 이야기를 읽고 눈물이 났고 큰 위로가 되었습니다."

"자전에세이 교본으로 삼고 거의 세 번을 읽었습니다."

"묘사가 상세하고 사실적이어서 현장에 있는 것 같았습니다."

이런 말들을 들었을 때의 기쁨은 말로 표현할 수 없었다. 글쓰기가 단순한 자기표현을 넘어 타인과 교감하는 창구가 된다는 것을 실감했다. 내가 써 내려간 말들이 누군가의 마음을 위로하고, 누군가에게 영감을 주었다는 사실이 나를 다시 책상 앞으로 이끌었다.

헤밍웨이는 "가능한 한 단순하게 쓰라. 첫 원고는 항상 형편 없다. 중요한 건 고치는 것이다"라고 말했다. 이 조언을 가슴에 새기며 처음에는 무작정 써 내려가기만 했다. 생각나는 대로, 느끼는 대로 종이를 채웠다.

하지만 글쓰기 수업에 참여하면서 점차 문장을 다듬고 불필 요한 서술을 제거하는 법을 배워가고 있다. 처음에는 '아름다 운 붉은색 장미꽃이 화사하게 피었다'라고 썼다면, 나중에는 '붉게 핀 장미가 화사했다'라고 축약하고 불필요한 미화를 덜 어내게 되었다.

글에 더 가까이 가려고 개인 블로그 운영, 수필 작성, 공동 문집 참가 등 다양한 글쓰기에 도전했다. 때로는 칭찬을, 때로 는 따끔한 비평을 받으며 한 걸음씩 나아갔다. 글쓰기도 다른 기술과 마찬가지로 꾸준한 연습이 필요하다는 것도 깨달았다.

어떤 이는 쓸 글감이 없다고 하소연한다. 세상 모든 이야기가 소재가 되는데도 말이다. 범위를 줄여 본다면 우리가 현실에서 접하는 모든 일과 사건이 이야깃거리가 된다. 이를테면, 지하 철 속 많은 사람들로부터 얻는 영감, 자주 만나지 않았던 사람 과의 대화, 여행 중 받는 행복과 불편한 느낌, 지나가는 아이의 웃음 등이 모두 줄거리가 될 수 있는 것이다.

특별하지 않아도 된다. 중요한 것은 어떤 관점으로 바라보고 글감으로 만드느냐에 달렸다. 글쓰기를 해보면 단순한 기록을 넘어 희미해져 가는 기억들을 선명하게 되살리는 매력을 발견할 수 있다.

책을 저술하고 블로그를 쓰면서 메모하고 모티브를 잡는 일이 나도 모르는 사이에 습관이 되었다. 새가 한 번에 둥지를 짓지 못하듯 글도 하루아침에 완성되지 않는다. 꾸준히 써나가다 보면 어느새 작은 글들이 모여 하나의 창작이 이뤄진다.

영상이 순간에 훅 지나가는 디지털 기술이라면, 글은 느리지만 오래 남고 여운이 있는 아날로그이다. 마음의 깊이를 묘사할 수 있는 것은 글이지 잔망한 영상이 아니다. 물론 AI의 형식적인 도움을 받을 수도 있지만, 진정한 감동은 사람의 손끝에서 나온다.

"나는 글을 잘 못 써요."

"문학적 소양이 부족해요."

"무슨 말을 해야 할지 모르겠어요."

이런 말들은 스스로를 제한하는 말이다. 모든 사람의 인생에는 몇 권의 책이 들어있다. 특별한 재능이나 문학적 소양이 없어도 괜찮다. 자신의 생각, 감정, 일상의 작은 발견들을 기록하는 것부터 시작하면 된다.

평소 책을 많이 읽지만 글은 쓰지 않는 사람들에게 말한다. 책은 친구이자 스승이다. 그러나 읽기만 하고 글로써 기록을 남기는 시도를 하지 않는다면 타인과 공유되지 않은 지식과 정보의 형태로 머릿속에만 머무를 것이다. 글로 표현하면 독서한 책들의 내용이 글쓰기에 자연스럽게 스며든다. 글쓰기는 특별한 장비나 비용이 필요 없는 취미 활동이다.

펜과 종이만 있으면 언제 어디서나 시작할 수 있다. 하루에 5분, 100단어. 거창한 계획보다 오늘 한 페이지, 내일 한 페이지가 모여 책 한 권이 완성된다. AI 글쓰기도 발전을 거듭하였기에 집필에 많은 도움을 받을 수 있다. 책 출간 시간을 대폭 줄일 수 있고 이미 AI를 활용하여 쓰여진 책들이 쏟아지고 있다. '백만 명 자서전 쓰기' 캠페인까지 시작되었다.

우리는 쓰면서 배우고 배우면서 쓴다. 나도 그랬다. 각자 쓴 글을 놓고 문우文友들의 합평을 들어보는 것은 매우 효율적이고 실용적인 방법이다. 때로는 칭찬이, 때로는 비판이 우리를 성장시킨다. 글쓰기 모임이나 워크숍에 참여해 보는 것도 좋은 방법이다. 온라인 커뮤니티에서도 많은 글쓰기 그룹이 활동하고 있다. 혼자서는 어렵게 느껴지던 글쓰기가 함께 하면 즐거운 여정이 된다. 울타리를 밀면 문이 된다는 말처럼, 글쓰기는 새로운 세계로 향하는 문을 열어준다.

지금 이 순간, 펜을 들어 적어보는 이야기가 누군가에게 위로와 영감이 될 수 있다. 우리가 설 무대는 전문 작가나 국문학을 공부한 사람들만 서는 곳이 아니다. 그곳은 누구에게나 열린 마당이자 텃밭이다. 내 안의 이야기가 세상을 기다리고 있다.

비 온 뒤가 아니어도 무지개는 볼 수 있다